子供の学力とウェルビーイングを高める教育長のリーダーシップ

校長、教職員、地域住民を巻き込む分散型リーダーシップの効果

露口健司
藤原文雄 ［編著］

JN075136

Ｇ学事出版

はじめに

　学校は社会の中でどのような使命を担うべきだろうか。近年、学校の使命をこれまでの学力向上（Academic Success）に加え、子供のウェルビーイング（Well-being）の実現として捉える見方が広がってきた。

　ウェルビーイングの意味内容についてはいまだ確立したとは言い難いが、日本語では、心身の「良好な状態」や「健やかさ」、「幸福度」という言葉で翻訳されることが多い。心身が健やかで、幸せに生活できている主観的な感覚や状態を表した概念である。本書では、ウェルビーイングの日本語訳を「幸福（度）」と表記する。

　こうした学校の使命についての捉え方の変化の下、子供が生きる未来を見据えて、多様な子供の学力向上を支援し、子供（さらには教職員の）ウェルビーイングの実現に努めることが教育リーダーの使命として理解されるようになったのである。例えば、アメリカの学会や校長会、教育長等の専門職団体の合同組織である National Policy Board for Educational Administration（NPBEA）が作成した教育リーダーの専門職基準においては、教育リーダーは子供の学力向上とウェルビーイングの実現のために存在することが明記されている。

　こうした教育リーダーの理念に賛同する日本の教育関係者は多いと思われる。なぜなら、日本においても、ウェルビーイングという言葉こそ使われてはいないものの、学力向上だけでなく、子供の健やかな成長を総合的に支援しようという取組が行われてきたという背景があるからである。むしろ、学力向上の前提としてウェルビーイングの実現に献身的に取り組んできたことこそが、日本の教育の強みであった。子供を取り巻く環境が多様化、複雑化する中、これまで以上に、ウェルビーイングの実現に向けた教育リーダーのリーダーシップの重要性は高まっていくに違いない。

　また、実に多種多様な意見が教育界に寄せられる今日、子供の学力向上

とウェルビーイングの実現という使命は、厳しい環境の下で決断が迫られる教育リーダーの「拠り所」となるのではないだろうか。

　しかし、残念なことに日本においては、真に教育リーダーが子供の学力向上とウェルビーイングの実現に貢献できるのかというエビデンス（証拠）は少ない。最近、子供の学力とウェルビーイングに影響を及ぼす要因についての探求が進められるようになった。しかし、教育リーダーのリーダーシップと子供の学力、ウェルビーイングとの関連性は十分に解明されているとは言えない。反発を受けることを覚悟して言えば、子供の学力向上とウェルビーイングの実現を使命とする学校において、教育リーダーの存在価値は十分に証明されていないのである。

　本書は、こうした教育リーダー、その中でもトップリーダーと言える教育長のリーダーシップと子供の学力、ウェルビーイングとの関連性という重要な課題の解明に、これまでの研究知見の緻密なレビューの上に立って挑戦したものである。なお、ウェルビーイングは、実に多様な側面を有しており、本研究では、学校において安心・安全な環境で楽しく過ごし、学習に没頭できる状態である学校幸福度に焦点を当てることとした。

　序章では研究デザインを説明し、第1章で教育長のリーダーシップの先行研究レビューを行う。第2章では、質問紙調査データを使用し教育長のリーダーシップを構成する次元の抽出などを行う。第3章では、教育長のリーダーシップが学力向上にどのような影響を及ぼしているのか分析を行う。第4章では、先行研究に基づき分析モデルを構築し、教育長のサーバント・リーダーシップが校区の分散型リーダーシップを促進し、子供の学力向上とウェルビーイングにポジティブな影響を及ぼすか検討を行う。第5章では、学力上昇傾向にある校区の教育長のリーダーシップ行動は、サーバント・リーダーシップという観点で説明可能か否か、また、サーバント・リーダーシップを発揮している教育長の具体的行動はどのようなものかインタビュー調査による分析を行う。

　以上の挑戦の結果についての評価は、学会でのピアレビュー及び読者の判断に委ねざるを得ないが、国際的にも価値をもつ研究成果を生み出すことができたと自負している。

本書は、国立教育政策研究所が2017（平成29）年度〜2018（平成30）年度にかけて実施したプロジェクト研究『「次世代の学校」における教員等の養成・研修、マネジメント機能強化に関する総合的研究』（研究代表者：猿田祐嗣（初等中等教育研究部長））の延長として、プロジェクト研究に参加した有志で研究を進めた結果報告という性格を有している。執筆に際しては、データを追加分析し、新たにヒアリングを実施し考察を深めた。こうしたことから、本書での執筆は国立教育政策研究所の組織としての公式見解ではなく、執筆者個人の見解であり執筆内容についての全ての責任は執筆者が負っている。なお、本書の刊行に際しては、研究代表者の許可を得ている。

　本書は、現職の教育長はもちろん、将来の教育長や指導主事、校長、副校長、教頭など全ての教育リーダー、そして、教育委員会事務職員や学校事務職員などスクールビジネスリーダーに、また、教育長など教育リーダーの養成に挑戦している大学院の院生の皆さんや教職大学院の皆さんにもぜひ手にとっていただければと願っている。

　アメリカなど諸外国においては、教育リーダーに関する研究は豊富に蓄積されており、例えば、国際教員指導環境調査（TALIS）などの国際調査などにおいてもこれらの研究知見は活用されている。現状では、残念なことに、日本の教育リーダーに関する研究は国際調査などにおいて十分に活用されているとは言い難い。国際的な研究動向を踏まえ、新たな知見を生み出した本書の成果を諸外国に発信するようささやかでも努めたい。

　最後に、本研究の土台となる研究知見を蓄積してこられた加治佐哲也先生（兵庫教育大学学長）、河野和清先生（京都光華女子大学こども教育学部長・教授）、佐々木幸寿先生（東京学芸大学理事・副学長）、笹森健先生（青山学院大学名誉教授）など諸先達に感謝申し上げたい。これらの知見がなければ本書が生み出されることはなかった。

　最後に、本研究にご協力いただいた皆さんに心より感謝申し上げたい。学校における働き方改革が進められる中、真に必要な調査か、我々も自問した上での教育長、校長への依頼であった。しかも、今回の調査は、教育長のリーダーシップについて校長に質問するという繊細な調査であった。

そうした調査にご協力いただいた教育長、校長の皆さんのご協力がなけれ
ば、本書は存在しなかった。重ねて御礼申し上げる。

編者　露口健司・藤原文雄

目 次

はじめに *2*

序　章 ｜ **研究デザイン**……………………………………………*8*

1. 研究課題　*8*
2. 調査方法　*10*

第**1**章 ｜ **教育長のリーダーシップの先行研究**……*12*

1. 序　論　*12*
2. 日米における研究実績の相違　*14*
3. 教育長の労働市場　*16*
4. 教育長のリーダーシップ実践の研究動向　*17*
5. 研究動向レビューからの示唆　*26*
6. 結　語　*29*

第**2**章 ｜ **教育長のリーダーシップの構造**…………*33*

はじめに
　　──新教育委員会制度への移行と教育長のリーダーシップ　*33*
1. 因子分析による教育長の
　　リーダーシップ次元の抽出　*35*
2. 次元別にみた教育長のリーダーシップの実態　*40*

第**3**章 | 教育長のリーダーシップが
学校を通して学力に与える
間接的効果の発見と経路の解明…………50

1. 教育長のリーダーシップが学力に影響する
   間接効果モデル　*50*
2. 研究の方法　*51*
3. 分析の結果　*52*
4. 研究から得られる示唆　*56*

第**4**章 | 子供の学力と幸福度を高める
分散型リーダーシップ…………………59

1. はじめに　*59*
2. 先行研究の検討と研究課題の設定　*61*
3. 方　法　*69*
4. 分析結果　*73*
5. 考　察　*80*
6. 結　語　*82*

第**5**章 | 子供の幸福度と学力を高める
教育長の事例研究……………………………95

1. 子供の幸福度と学力を高める教育長の
   リーダーシップ　*96*
2. サーバント・リーダーシップを発揮している
   教育長の取組　*104*
3. まとめ　*122*

編著者一覧　*130*

序　章 ┃ 研究デザイン

1．研究課題

　「次世代の学校」の実現を先導し、マネジメント機能強化を支援する役割を担う教育長に対する期待が高まっている。例えば、平成27年12月21日にとりまとめられた中央教育審議会「チームとしての学校の在り方と今後の改善方策について（答申）」においては、「『チームとしての学校』を進めるに当たっては、学校種や学校の実態等を踏まえ、どのような専門スタッフが必要になるのか、どのようなマネジメント組織が必要になるのか、等について、教育委員会がリーダーシップを発揮して検討を進めていくことが重要である。また、総合教育会議や大綱の策定等を通して、地方公共団体が目指す学校の姿について明らかにすることも大切である。そのような取組を進める上で、教育委員会の教育長の果たす役割は大きい」と述べ、教育長の役割の重要性を指摘している。その上で、「教育長のリーダーとしての資質や能力を高めるための方策としては、現在、国において、市区町村の教育長等を対象とし、事例発表や研究協議等を行う研修会を実施しているが、今後、こうした取組の充実を図っていくことが期待される」と述べ、「国は、教育長を対象とする研修会の充実を図る」という方向性を提言している。

　そこで、本書では、第1章から第4章において、教育長のリーダーシップ機能強化のための方策検討に資するべく、以下の3点を研究課題（リサーチクエスチョン：RQ）として設定し、解明を試みる。

　第1の研究課題は、日本における教育長のリーダーシップ次元の探索である（第2章）。米国では、教育的・管理的・政治的リーダーシップの3次元モデルが提唱された後、「落ちこぼれを作らないための初等中等教育法（No Child Left Behind Act of 2001）」（以下、NCLBという）以降の

教育的リーダーシップへの焦点化、変革的リーダーシップや社会正義リーダーシップ等の新たなモデルが提唱されている。日本においても、河野（2007）による3次元モデル（教育・管理・政治）が浸透しつつあるが、この10年間の教育政策の変化状況を踏まえると、別のモデルのほうが妥当であるかもしれない。今日の日本の教育長は、どのようなリーダーシップ行動を取っており、また、それらの行動はどのように類型化できるのであろうか。また、それらのリーダーシップを発揮する教育長は、どのようなリーダータイプに類型化できるのであろうか。今日の日本における教育長の実像の理論化を試みたい（RQ1）。

　第2は、教育長のリーダーシップ効果の解明である（第3・4章）。米国の先行研究では、教育長のリーダーシップと学力水準との直接効果を仮定した研究が報告されているが、教育長に強大な権限が付与され、同時にアカウンタビリティが明確に問われる米国の教育長とは異なり、日本においては、直接効果は想定しづらい。教育長のリーダーシップと学力水準との間には、教育長と校長の関係、校長のリーダーシップ、学校組織文化／構造、授業実践等、複数の間接的経路が存在すると考えられる。学力向上に至る間接効果の妥当性についての検証が必要であろう（RQ2a）。

　また、分散型リーダーシップ論（詳細については第4章にて言及）を踏まえると、学力向上に対しては、教育長のリーダーシップだけではなく、首長や議会、教育委員会事務局、学校（学校管理職・教員、チーム学校スタッフ）、家庭、地域団体等の様々なリーダーシップ主体が影響を及ぼしていると考えられる。教育長個人のリーダーシップよりも、これらのメンバーのリーダーシップの総量が、学力向上にとっては重要なのではないだろうか。自治体レベルでのリーダーシップの総量の効果に着目する必要がある（RQ2b）。

　教育長のリーダーシップの効果としては、米国の教育リーダーの使命でもある学力向上を設定する。一般的に、教育長を対象とする教育的リーダーシップ論や変革的リーダーシップ論では、学力水準の向上（Academic Success）が効果の指標として設定される。しかし、米国の教育リーダーの使命としては、もう一つ、幸福感（Well-being）の向上が設定されてい

る（NPBEA2015）。近年注目されている社会正義リーダーシップ論においても、子供の幸福感は極めて重要な効果指標として扱われている。そこで、本書では、学力向上に加えて、学校幸福度（学校において安心・安全な環境で楽しく過ごし、学習に没頭している様子）についても、教育長のリーダーシップ効果の指標として設定する。

　以上の論述を整理すると、第1章から第4章における研究課題は、以下の3点に要約できる。

RQ1：日本における教育長のリーダーシップ行動の構成要素とは何か？
RQ2a：教育長のリーダーシップから学力への影響過程はどのような構造
　　　 となっているのか？
RQ2b：市区町村レベルでのリーダーシップの分散化は、子供の学力・学
　　　 校幸福度に対してどのような影響を及ぼしているのか？

　以上の研究課題に加え、第5章では、インタビュー調査を通じて、（1）学力上昇傾向にある校区の教育長のリーダーシップ行動は、サーバント・リーダーシップという観点で説明できるか、また、（2）サーバント・リーダーシップを発揮している教育長は具体的にどのような行動を行っているのか、ということについて補完的分析を行う。

2．調査方法

　分析には、「市区町村において子供の学力と学校幸福度を高める要因についての調査」の校長調査データ及び教育長調査データを用いた。当該調査は2018年7月5日から9月20日にかけて、郵送法の質問紙調査により実施した。調査対象は、地域的バランスを考慮して全国から抽出した95市区町村のうち、教育長の承諾を得た市区町村の教育長及び公立小中学校長である。校長調査については、原則として各市区町村の全ての公立小中学校長に依頼した。ただし、1市では無作為抽出、2市では有意抽出を行うことを条件に調査協力を得たため、一部の校長に依頼した。市区町村教育委員会承諾率は60％（56/93）（調査依頼時に教育長が不在であった市区町村

は分母から除く）であった。また、校長調査については、配布数2,459票に対して回収数は1,157票であり、回収率は47.1％である。回答者の属性等については、国立教育政策研究所（2019）に掲載しており、ぜひともそちらを参照されたい。なお、当該調査は、国立教育政策研究所研究倫理審査委員会の承諾を得ている（2018年6月29日）。

　なお、各変数の説明については、各章の記述及び国立教育政策研究所（2019）を参照のこと。

〈参考文献〉
河野和清（2007）『市町村教育長のリーダーシップに関する研究』多賀出版
国立教育政策研究所（2019）『「次世代の学校」実現に向けた教育長・指導主事の資質・能力向上に関する調査研究報告書』国立教育政策研究所・平成30年度プロジェクト研究報告書（「次世代の学校」における教員等の養成・研修、マネジメント機能強化に関する総合的研究）
　　http://www.nier.go.jp/05_kenkyu_seika/pdf_seika/h30/rep310329-303-all.pdf（2019.11.19）
NPBEA（2015）. *Professional Standards for Educational Leaders.* http://npbea.org/wp-content/uploads/2017/06/Professional-standards-for-Educational-Leaders_2015.pdf（2018.7.20）

（露口健司・卯月由佳・澤里　翼）

第1章 | 教育長のリーダーシップの先行研究

1. 序論

　本章の目的は、米国における教育長のリーダーシップ実践を対象とする研究を、教育・変革・政治・社会正義の視点から整理・検討するとともに、次章以降の調査研究実施のための示唆を得ることにある。

　中央教育審議会では、教育委員会の体制を充実し、住民の期待に応える教育行政を展開する上で、教育長のリーダーシップが重要であるとの認識が示されている（中央教育審議会2007）。また、コミュニティ・スクール等の教育政策・事業の導入・運用の円滑化における教育長のリーダーシップへの期待が示されている（中央教育審議会2015a）。こうした方向性を実現するためには、教育長職に適切な人材を確保するために教育長職の資格要件・資質能力を明確化するとともに、学び続ける教育長を育成するための研修制度が求められる（中央教育審議会2013、2015b）。これらの政策方針の理論基盤となる研究知は、日本において着実に蓄積されてきた。

　1980～1990年代における日本の教育長研究の関心は、教育委員会の政策立案・実行過程における教育長の職務実態の解明にあったと言える。誰が教育長となり、教育行政に係る諸アクターの中でどのように振る舞っているのか。こうした研究課題を解明するため、笹森（1987）は、全国の市町村教育委員会調査と1市3町を対象とする事例研究を実施している。事例研究では、教育長の執務日誌に着目した分析を実施しており、教育長は教育界に精通した教育の専門家であること、議会対応や人事等の場面において政治的手腕を発揮していること、地域との関係をつくるため時間外勤務に勤しんでいること等の実態を描き出している。

　その後、米国の School-Based Management 研究の流れを受け、自律的学校経営論が日本でも展開されるようになると、「教育委員会―学校」関

係の中での教育長の動きに関心が置かれるようになった。この点について、加治佐（1998）の研究結果のインパクトは大変大きい。教育委員会の学校関与が効果を生んでいないとする実態を計量的方法によって明らかにしている。同時期に報告された、露口（2001）においても、教育長の学校関与が十分な成果をあげていない点を計量分析によって明らかにしている。教育委員会・教育長の学校関与は、ほとんど効果がないか、場合によっては学校の状況を悪化させる。教育委員会主導ではなく、学校に権限と裁量を付与し、自律的学校経営へと舵を切るべきである。こうした論調に、エビデンスを与えた。しかし、これらの研究は、因果関係の解明を求める計量分析デザインをとっていない点（相関レベルにとどまる）に限界を有している。「状況が悪化している学校に教育委員会・教育長が関与している」とする逆因果が考慮されていない点に留意しなければならない。

　2000年代に入ると、教育長の専門性やリーダーシップ実態の解明を志向した研究が複数登場する。既に、加治佐（1998）では、Instructional Leadership を教育上（教授上）のリーダーシップと訳し、教育長によるカリキュラム・授業面での専門知識の程度やそれに基づく指導助言の程度に着目していた。佐々木（2006）は、これまでに議論されてきた教育長のリーダー特性、すなわち、教育上のリーダーシップと組織経営のリーダーシップのバランス論を越えた、コンセプチュアルスキルに基づくリーダーシップの重要性を計量データの分析を通して明らかにしている。同時期に、河野（2007）は、全国の教育長調査データ分析を通して、ビジョンを基盤とした教育的・管理的・政治的リーダーシップの３つの職務遂行能力が、教育長のリーダーシップ構造の特性であるとまとめている。教育的リーダーシップ（Instructional Leadership/Educational Leadership）とは、校長や学校に対して教育上の専門的指導を行う作用。政治的リーダーシップ（Political Leadership）とは、多元的に対立する住民の教育意思を公益として一つの教育政策（施策）に調整・統合する作用。管理的リーダーシップ（Administrative Leadership）とは、その策定された教育政策（施策）を、人的、物的、財政的及び教育課程上の諸条件を整備しながら、効果的に実現していく作用、としている。

これらの研究は、教育長のリーダーシップ実態の記述が中心であり、行為の結果が他者や組織に及ぼす影響・効果についてはあまり検討されていない。本格的な教育長のリーダーシップ効果の研究は、河野（2017）においてようやく実現したと言える。ただし、リーダーシップが通常フォロワー認知によって測定されるという原則に立てば、回答者を教育長本人や教育委員長に設定しているこの研究にはリサーチデザイン上の限界がある。教育長本人の認知によって測定されるものは、リーダーシップというよりも、リーダーシップ効力感（自分は○○できるという信念）に近い。また、教育委員長の認知による測定では、教育長のリーダーシップによる学校に対する影響力が見えにくい。結局、影響力の対象が学校まで至らず、事務局組織の活性化にとどまってしまう。

　以上のように日本では、教育長のリーダーシップ構造は明らかになってきた。しかし、教育長のリーダーシップの効果については、さらなる検討の余地がある。教育長のリーダーシップ構造は、教育・管理・政治の視点から捉えるのがベストか（変革的リーダーシップ（Transformational Leadership）や社会正義リーダーシップ（Social Justice Leadership）の位置付けは？）。リーダーシップの効果とは何か（学力水準？）。どのような変数をセットした仮説モデルを構築すればよいか（成果変数への媒介要因は？）。リーダーシップ変数と成果変数をそれぞれどのように測定すればよいか。因果関係を解明するレベルでのデータセットと分析技法は何か。これから教育長のリーダーシップ研究を展開しようとする我々には、これら諸問題の解決が求められている。

2．日米における研究実績の相違

　これらの課題をクリアする上で、米国の教育長研究の知見は大変有用である。実際に、加治佐（1998）、河野（2007、2017）、佐々木（2006）らは、いずれも米国の理論をベースとして調査研究を展開している。そこで、以下、米国における教育長のリーダーシップ研究のレビューと検討によって得られる知見をもって、上記課題解明の一助としたい。

　以下、本章では、米国における教育長のリーダーシップ研究から示唆を

得る。

　それに先立ち、日米の教育長が置かれる状況の違いについて確認しておきたい。データソースは、日本（文部科学省「教育委員会制度について」http://www.mext.go.jp/a_menu/chihou/05071301.htm）、米国（全米学校管理職協会 web サイト http://www.aasa.org/content.aspx?id=36086）である。比較可能な個人属性データとしては、平均年齢（日本63.4歳、米国54-55歳）、平均在職年数（日本3.5年、米国5－6年）、女性割合（日本3.7%、米国21.7%）、平均報酬（日本／市レベル約1,008万円・町レベル約848万円、米国約1,364万円）である。

　このほか、学位については、米国では60%が博士課程修了者であることを追記しておきたい。ただし、博士課程において博士号（Ph.D. あるいはEd.D.）を取得するケースは、1998年の92%から2013年には32.4%に低下しており、実践報告やポートフォリオの提出にとどまり、博士号を取得しないケース（Ed.S; Educational Specialist Degree）は、1998年の8.0%から2013年の55.9%に増加している（Wyland2016）。

　我が国においても兵庫教育大学が教育長養成プログラム（教育政策リーダーコース）を実施しているが修士レベルにとどまっている。日本において教育長職とは、一般行政の地方公務員上位ポスト、または、退職校長のセカンドキャリアポストとしての意味合いが強い。教育長は学士で十分とする規範が根強いように思われる。また、学位にとどまらず、校長職との兼任制度や、学区単位の教員人事・予算編成を行う等、制度の根幹が日本と異なる面にも留意しておきたい。

　米国では教育長を大学院で養成する制度をもつことで、教育長を対象とする研究が飛躍的に進展している。大学院において教育長候補者が、教育長を対象とする研究を実施している。ERIC（Education Resources Information Center）データベースを活用することで、教育長のリーダーシップ研究の傾向を把握することができる。「superintendent-leadership」で検索すると、直近20年間で901本の論文がヒットした。一方、国立情報学研究所（CiNii）での「教育長　リーダーシップ」の検索結果は直近20年で14本であり、研究量は勝負にならない。驚くことに、日本の教育長を

対象とする計量分析を実施している研究論文は、佐々木（2000）、露口（2001）の２本にとどまる。米国の場合、901論文の多くは、博士論文（*ProQuest* 255件）である。以下、機関誌論文（*School Administrator* 108件、*Phi Delta Kappan* 17件、*American School Board Journal* 11件、*Journal of Scholarship & Practice* 15件等）であり、学術雑誌としては、例えば、*International Journal of Educational Leadership Preparation*（25件）、*Journal of Case in Educational Leadership*（25件）、*Journal of School leadership*（21件）、*Educational Administration Quarterly*（12件）、*Journal of Educational Administration*（11件）、*Journal of Staff Development*（11件）、*International Journal of Leadership in Education*（７件）、*Educational Management Administration & Leadership*（７件）等がある。研究論文を発表し、博士論文（特に Ed.D.）をまとめる過程において教育長候補者は、複数自治体の動向を計量的に分析する、先駆的な事例から知見を学ぶ、最新の教育政策動向・教育課程・指導法等の理解を深める、ガバナンスとマネジメントに必要な能力を学ぶ、自己の実践を理論化する、リーダーとしての在り方を議論する等の様々な経験を蓄積するであろう。大学院での学びが成立する条件としては、教育長職が魅力的であること（社会的威信・任期・報酬等）、大学院の博士プログラムの履修に制度的支援があること（職務とのバランス・奨学金）、そして、大学院が魅力的なカリキュラムと大学教員を配置すること等が挙げられる。日米における教育長を対象とするリーダーシップ研究の蓄積量の差は、教育長の大学院養成の有無によって生み出されていると考えられる（校長職の場合も同様）。

3．教育長の労働市場

　米国の場合、一般的に、教育長は大学院での養成を経て、学区単位での採用となる。先述したように、60％が博士課程修了者であり、専門職として確立している。博士号取得者は約30％（校長は約12％）、約14,000学区のマーケットが米国には存在する。日本との比較においては、資格・養成制度にとどまらず、労働市場の違いについても確認しておく必要がある。

Grissom and Mitani（2016）は、ミズーリ州を事例として、教育長の異動傾向を19年間の縦断的データを用いて分析している。分析の結果、教育長の異動傾向として以下の点を確認している。すなわち、生徒のフリーランチ比率が高い学区から低い学区へ。規模が小さい学区から大きな学区へ。学力水準が低い学区から高い学区へ。給与が低い学区から高い学区へ（平均で100万円程度の上昇）。そして、田舎の学区から都市部・郊外の学区へ異動する。

　労働市場の成熟化によって、条件の良い職場へと教育長は異動していく。Grissom and Mitani（2016）の調査では、給与の分散の大きさは、最低$21,369〜最高$274,625、給与変動額は最低 -$86,329〜最高$66,639、変動額%は最低 -56.79〜最高159.20であることが示されている。自治体の財政状況に教育長の給与が連動するため、強烈な給与格差が生じる。高度な資格を所有している教育長は、より条件の良い職場を目指して異動するのである。財政的に厳しい学区では、教育長が頻繁に交替し、教育政策の実施に支障が出てしまう。

　日本では、どちらかといえば、教育長は地元の名士であり、コミュニティ・リーダーとしての色彩が強い。大学院での養成（修士・博士の資格を任用要件化）が実現し、労働市場がオープンとなることで、教育長の異動が活発となるであろう。教育長の特性も、コミュニティ・リーダーから、パブリック・マネージャーへと変容する可能性がある。

4. 教育長のリーダーシップ実践の研究動向

1）リーダーシップ基準

　米国では、膨大な実証研究を積み上げ、様々な関連団体の英知の集積に基づくリーダーシップ基準を作成している。米国では、教育リーダーの使命を、子供の学力向上（academic success）と幸福（well-being）の実現に絞り、その上で、10の基準を設定している（National Policy Board for Educational Administration；以下、NPBEA2015）。NPBEA（2015）に示される教育リーダー（教育長を含む）のリーダーシップ基準とは、ビジョン・ミッション・教育理念、カリキュラム・指導・評価、管理運営、

学校改善、家庭・地域との連携協働、倫理と専門的規範、教職員のための専門家の学習共同体、人材育成、公正性と文化的文脈への対応、生徒に対する支援とケアのコミュニティである。この全米基準を基盤として、各州が教育リーダーのリーダーシップ基準を設定している。

　日本では、2017年度に校長のリーダーシップ基準（校長の指標）を各自治体が設定しているが、国内で統一された指標はない。また、教育分野のリーダーシップ研究が貧弱な我が国では、校長のリーダーシップ基準がエビデンスの蓄積の上に設定されておらず、恣意的な設定となっている。もちろん、教育長についてのリーダーシップ基準は存在しない。

２）３次元／５次元モデル

　教育長のリーダーシップ研究において、Cuban（1988）や Johnson（1996）が果たした役割は大きい。彼らは教育長のリーダーシップを管理的（Managerial）・教育的（Instructional/Educational）・政治的（Political）の３次元役割に整理している。管理的リーダーシップの焦点は、教育政策・事業や事務局・学校における計画・管理機能にある。教育的リーダーシップは、教育ビジョンの設定・共有化、カリキュラム・授業課題への焦点化にある。政治的リーダーシップは、教育政策の実行優先順位、資源配分決定のための地域の多様な利害関係者との交渉にある。教育長はこれらの３つの役割を、バラバラに遂行するのではなく、複数の役割を同時に遂行している（Waters & Marzano2006）。日本においても、河野（2007、2017）において、管理的・教育的・政治的リーダーシップ効果の３次元役割モデルが調査において採用されている。

　その後、Kowalski, McCord, Peterson and Young（2010）は、教育長のリーダーシップ役割を５次元で説明するモデルを提案している。すなわち、第１は、教育者（Teacher-Scholar）である。カリキュラム、指導方法、教育的リーダーシップの知識をもち、教育哲学を実行することに焦点をあてる。第２は、組織管理者（Organizational Manager）である。法令・財務・団体交渉・施設管理の知識をもち、運営にあたる。第３は、民主的・政治的リーダー（Democratic-Political Leader）である。地域関係づくりのスキルをもち、利害関係の調整・統合や意思決定の共有を図るこ

とに焦点をあてる。第4は、応用社会科学者（Applied Social Scientist）
である。量的・質的データを基礎においた意思決定や対人影響力に焦点を
あてる。第5は、効果的なコミュニケーター（Effective Communicator）
である。人々の意見を聞き、高いコミュニケーションスキルで対話を行う
ことに焦点をあてる。

　第1から第3の役割までは、Cuban（1988）や Johnson（1996）の3次
元モデルとほぼ同様である。第4の役割は、情報技術の発展によって拡充
されたと言える。Cuban（1988）以降の20年間で、情報技術が飛躍的に発
展しており、情報技術を使いこなすことが、教育リーダーの役割として強
調されるようになってきた。情報技術の活用は、教育を成功に導く指標で
ある。教育長は、学区のカリキュラムと指導実践を促進する情報技術シス
テム活用の方法を理解する必要があり、また、改善を必要としている学
校・教員に支援を提供する必要がある（Wilmor2008）。学力水準の向上に
成功している学区では、教育長をはじめとする教育リーダーたちが、生徒
の学力データを分析し、政策形成につなげ、指導のモニタリングと評価を
行っているとする報告もある（Sauers, Richardson & Mcleod2014）。

　また、第5の役割は、地域における人々の多様性の拡大に対応する役割
であると解釈できる。人種・民族・社会階層・障害・ジェンダー・性的指
向等の様々な属性や価値観をもつ人々との効果的な対話が、教育リーダー
に求められるようになってきた（Furman2012）。

3）教育的リーダーシップへの着目

　2000年頃を境として、教育長のリーダーシップモデルの焦点は、教育的
リーダーシップに集中するようになった。背景には、NCLB法（No Child
Left Behind Act）の成立がある。この法律は、学力スタンダードを設定し、
合衆国の全児童生徒が2014年までにそれを達成することを目標とする教育
政策で、スタンダード基準のテストの目標値を達成できない学校には厳し
い行政上の措置がとられることになる。NCLB法以降、教育長に課される
アカウンタビリティの水準は飛躍的に上昇している。こうした強制的な法
令下で、カリキュラムや授業実践のことを理解していない教育長が、財源
不足の下、テイラー以来の効率性を重視する20世紀型経営（管理的リー

ダーシップ）を実践する姿が目立つようになった（Feuerstein2013）。カ
リキュラムと授業実践のことを十分に理解していない教育長が、追加的な
資源分配なく、結果のみを学校に求めるわけであるから、学校はたまった
ものではない。

　Peterson（1999）やKowalski（1999）は、生徒の学力向上や学力格差
の抑制といった重要な変革を起こすためには学区教育長の教育的リーダー
シップが強調されるべきであることを指摘している。この仮説の検証作業
は、2000年以降、NCBL法の成立を背景として、急激に進展した。教育長
の教育的リーダーシップが校区の学力水準と関連をもつとするMarzano
and Water's（2009）のメタ分析の結果は、教育的リーダーシップの強調
に拍車をかけることとなる。過去35年間の1210学区を対象とする14本の調
査研究のメタ分析を実施したところ、教育長のリーダーシップと学力水準
との間に正の相関が認められたのである。

　また、先行研究では、学力水準の高い学区に共通の教育長の行動様式
（コンピテンシー）の析出作業が進められている。例えば、協働的な目標
設定とカリキュラム作成、対話を通しての授業改善と学力向上への期待伝
達、授業改善と学力水準のモニタリング、目標達成のための資源の配分、
スタッフの人材育成等をコンピテンシーとして析出している（Marzano
& Water's 2009; Peterson & Barnett 2005; Williams, Tabernik & Krivak
2009等）。

　教育長自身も、教育的リーダーシップの重要性を実感している。アラバ
マ州の8つのリーダーシップ基準について、55名の教育長が各基準の重要
度について回答した調査がある（Lewis, Rice & Rice Jr. 2011）。重要度第
1位の基準は、授業と学習（Teaching and Learning）である。この基準
には、協働的なカリキュラム開発、生徒の学力成果を高める指導と評価、
多様な目標、学習期待、アカウンタビリティを保障するためのフィード
バック測定、学習環境における全ての生徒を対象とした成功・達成のモニ
ター等が含まれる。重要度第2位は、継続的改善のための計画策定
（Planning for Continuous Improvement）である。この基準には、共有化
されたビジョンの開発と維持、批判的思考と問題解決技術、データの収

集・分析・解釈、資源の配分、継続的な学校改善のための成果評価、学校コミュニティの活性化等が含まれる。

４）教育長の教育的リーダーシップと学力の関係

ところで、Marzano and Waters（2009）の分析は、「相関」レベルにとどまっている点に留意しなければならない。つまり、教育長のリーダーシップが生徒の学力水準を高めたとする解釈が成り立つ一方で、生徒の学力水準が高い（条件の良い）学区に、すぐれた教育長が異動しているとする逆因果の解釈も成り立つのである。先述した Grissom and Mitani（2016）の研究成果を踏まえると、この解釈にはかなりの説得力がある。教育長のリーダーシップが学力水準に及ぼす効果を検証するためには、因果推論を可能とするリサーチデザインと統計解析の活用が必要となる。

また、近年の調査研究（Hough2014）では、教育長の教育的リーダーシップと生徒の学力水準（３－11学年・読解力と数学の２年間の平均点）との間には関連がないとする結果が得られている（n=55学区）。その一方で、社会経済的地位要因（朝食及びランチの無料・減額生徒の比率を代理指標）は直接的な負の影響を与えている。学力水準は、教育長のリーダーシップよりも社会経済的地位要因によって規定される実態が描き出されている。

確かに、教育長個人のリーダーシップと生徒の学力水準との直接的な関係を研究対象とすることには違和感がある。双方の間を媒介する間接要因を視野に入れた分析モデルの構築が必要である。教育長のリーダーシップの直接効果は、校長に対して及ぼされるであろう。Danna and Spatt（2013）は、298名の校長認知データを用いて、教育長による校長への支援（目標共有化支援・意思決定支援・教員の職能成長支援・期待表明）が、校長の自己効力感を高めることを明らかにしている。また、Cray and Weiler（2011）では、77名の教育長アンケートを通して、教育長が新任校長の職能上の困難領域を特定し、効果的支援を行うことの必要性を示唆している。校長が直面している困難領域として、①校長としての職務範囲に関する理解、②多様な教育戦略と最善の教育実践についての理解、③人事管理戦略の機能的活用（人材育成）が挙げられている。

さらに、近年の分散型リーダーシップ論（Leithwood & Mascall 2008; Spillane2006）を踏まえると、教育長・事務局職員・校長・教員・保護者・地域住民らのリーダーシップ共有やリーダーシップ総量が、学力水準の向上に貢献しているとする視座が提起できる。分散型リーダーシップ論では、価値や目標の「共有」や権限委譲に伴い必要となる「人材育成」の視点が強調される。

　例えば、Wahlstrom（2010）では、教育長と校長との協働によるカリキュラム開発・指導実践開発・評価システム開発が、学区と学校において効果的な教育文化・風土を醸成することを指摘している。Scribner, Crow, Lopez and Murtadha（2011）は、教育長と校長との「成功（Success）」の定義及び戦略を共有することの意義を指摘している。ある校区では、学力向上と学力格差抑制が成功であり、データ活用、問題解決、変革、情熱等が戦略キーワードとして教育長と校長の間で共有されていた。別の校区では、生徒の幸福が成功として位置付けられ、生徒のライフヒストリー理解、生徒を中心においたカリキュラム・指導体制づくり、長期的視点での指導、教員の道徳的・倫理的振る舞いが戦略キーワードとして共有されていた。

　一方、Kowalski（2005）は、効果的な教育長のリーダーシップとは、生徒の学習改善のために、校長・教員・保護者の能力開発・人材育成に焦点をあてることにある、と指摘している。近年、教員リーダーシップ（Teacher Leadership）が学力向上の文脈においても注目されており、教員リーダーシップを高める教育長の支援の在り方についても、関心が高まっている。

　例えば、Wells, Maxfield, Klocko and Feun（2010）は、17学区176名の校長を対象としたアンケート調査を通して、教育長が教員リーダーシップ開発に力を入れている学区と、そうでない学区との比較分析を実施している。教員リーダーシップ開発に力を入れている学区では、教員リーダー育成のための財的支援（研修予算の増額）、教育委員会における教員リーダーの重要性についての主張、校長との協働的問題解決の促進、問題解決における校長への支援等の新たな動きが生じている。そして、生徒の教育

に関わる教員集団の能力開発と教員間におけるリーダーシップの共有化によって、生徒の学力水準は向上するとの知見が示唆される。

5）変革的リーダーシップ

　教育長は、自己のリーダーシップ・スタイルをどのように捉えているのだろうか。Bird and Wang（2013）は、米国内部 8 州301名の教育長を対象として、自己に最も近いリーダーシップ・スタイルを問うている。その結果、変革型（32.23％）、サーバント型（23.92％）、状況適応型（25.25％）、民主型（16.61％）、自由放任型（0.00％）、専制型（1.99％）とする回答分布が得られている。今日の教育リーダーの主流である教育型と社会正義型が選択肢に含まれていないという限界を有しているが、与えられた選択肢の中では、変革型の選択率が最も高くなっている。

　それでは、どのような状況下（学区規模等）で、どのようなキャリア（教員・校長・教育長等の経験年数）の教育長が変革的リーダーシップを発揮しているのだろうか。この点については、Fenn and Mixon（2011）による215名の教育長を対象とした調査研究において検討されている。第1に、学区規模と変革的リーダーシップとの間に関連性は認められていない。学区規模の大きさが、リーダーシップ発揮を左右するわけではない。第2に、教育長のキャリアについて、教員経験・校長経験・教育長経験の長さのいずれも、変革的リーダーシップの発揮に関連していなかった。変革的リーダーシップは、経験の長さよりも、経験の質によって規定されることが確認されている。

　Lawson, Durand, Wilcox, Gregory, Schiller and Zuckerman（2017）は、変革的リーダーシップを現状維持志向の対置概念として位置付け、教育政策の変革実践と、教育政策の効果的な実施に焦点をあてるモデルを開発している。そして、「信頼と対話」によって醸成される関係的信頼（変革実践のための組織内部の資本）と互恵的信頼（変革実践のための組織間の資本）が、教育長による「変革実践」リーダーシップの基盤であるとする結論を示している。

6）政治的リーダーシップ

　教育長にとって説明責任の遂行、地域の利害関係調整、対立葛藤調整、

資源配分等の意思決定は重要な「政治的」職務である。

　教育長には、意思決定過程をできる限り公開し、透明性を保持することが求められている。しかし、公開性と透明性が確保できている学区もあれば、できていない学区もある。Bird, Wang and Murray（2009）は、こうした違いを予算編成過程に焦点をあてた上で明らかにしている。すなわち、予算編成過程が閉鎖的で不透明となるのは、生徒一人当たりの予算が少なく、なおかつ学力水準が低い、つまり、うまくいっていない学区なのである。逆に、成果があがっている学区では、予算編成過程の公開性と透明性が高く、予算編成以外の情報公開・情報戦略にも熱心に取り組んでいる。外部に情報を提供することで、負の実態が明らかになり、自分たちが非難されることが予期される場合や、改善策を講じるだけの資源の見通しがつかない場合には、どうしても閉鎖性・不透明性の方向を選択してしまうのであろう。

　さて、教育長は、日常的に、学校管理職・保護者・職員団体・メディア・地域住民・首長部局・議会等、多数の利害関係者と直接的・間接的に関与している。効果的な教育長は、どのようにしてこれらの利害関係者との関係調整を実現しているのであろうか。Oakley, Watkins and Sheng（2017）は、教育長が所属する教育関連団体に着目することで、この研究課題の解明に迫っている。イリノイ州の201名の学区教育長を対象としたアンケート調査の結果、教育長は、多様な教育関連団体に所属・参加し、多様な人々との間にネットワークを張り巡らせ、それを葛藤調整の局面において活用している。全ての教育関係団体が等質に効果をもつのではなく、学校管理職協会、教育委員会連合会、校長会等に関与し、ネットワークを形成することの有用性を確認している。

　また、Bredeson, Klar and Johansson（2011）は、学区規模、事務局の組織文化（事務局と学校の関係）、地域特性と地理的要因（コミュニティとの関係）、予算状況、政治的風土（首長・教育委員・議会との関係）といった文脈要因がもたらす、日常的な対立葛藤の調整を、教育長の職務特性として捉えた上で、文脈応答リーダーシップ（Context-Responsive Leadership）のモデルを提示している。文脈応答リーダーシップとは、ダ

イナミックな状況変数との対話を通して生成された知識・技術・特性が複雑に混合した実践知を表出する行為を意味する。教育長は、複雑な文脈が交差する状況下において、葛藤調整から実践知を生成し、日々対応している。また、文脈に対して受動的に対処するだけでなく、自らが主体的に文脈に働きかけ、文脈の形成に努めることの可能性も、このモデルには内包されている。

７）社会正義リーダーシップ

　近年の教育組織を対象とするリーダーシップ研究の関心は、社会正義リーダーシップに集まっている。社会正義リーダーシップとは、新たな価値の共同構築、物語の活性化、包括的変革の提唱、人種・民族・社会階層・障害・ジェンダー・性的指向についてのオープンで率直な議論の持続によって、支配的な信念に挑戦する包摂アプローチの創造を志向する態度を意味する（Furman2012）。教育長の社会正義リーダーシップの構成要素について、Dematthews, Izquierdo and Knight（2017）は、状況認識（situation awareness：社会的・経済的・政治的・教育的排除への気づき）、支援（advocacy：教員・生徒・保護者・地域のつながりづくりを支援）、実践（praxis：社会的・経済的・政治的矛盾を認知し、現実の抑圧の要素に立ち向かうために行為する）の３点に整理している。

　教育長の社会正義リーダーシップについては、事例研究（質的調査）による知の蓄積が顕著である。

　Maxwell, Locke and Scheurich（2014）は、５名（人種・性別・年齢・学位から抽出）のテキサスの農村地帯の教育長を対象とする２年間のインタビュー調査を実施している。教育資源の欠落に常に悩む、困難な状況にある学区の社会正義リーダーとしての教育長の特徴を描き出している。調査の結果、再起性が高い、現実に対する楽観的視点が強い、自己効力感が高い、小規模校の良さを生かそうとする、コミュニティに溶け込む力（感謝の辞が多い）が高い、地域の学校参加を重視すること等が特徴として記述されている。

　Kruse, Rodela and Huggins（2018）は、北西部州７名の教育長（ランチ補助率18.6〜53.7％、ヒスパニック比率4.6〜26.2％）を対象とする観

察・インタビュー調査を実施している。調査対象教育長の学区では、テストスコア・卒業率・規律の向上と学校間格差の抑制に対する外部の政治圧力が大変強い点が特徴である。貧困等の困難を抱えた生徒と日々向き合う教員は不満を蓄積しており、教員間の結びつきも弱まっている。こうした状況下において、教育長は、主として以下の3つの戦略を採用していた。すなわち、①学区の貧困の現実について公の場で語り、貧困問題の突破を試みる。②成果が十分にあがっていない従来の知識と経験を疑問視して、問題解決のための新たな知識を生成する。③教育長をはじめとするリーダーシップチームは、学力と規律の格差を解明し、格差解消を志向したカリキュラムと教育の実践を支援する、である。

　Katz（2012）は、黒人女性教育長が地域に社会正義と民主的コミュニティを醸成していくリーダーシップ過程を記述している。社会正義と民主的コミュニティを醸成する上で重要な視点を以下の5点にまとめている。すなわち、①倫理と道徳：地域において重視される価値は何か。誰が価値に含まれ、誰が排除されているのかを見極める。②共同体と文脈：地域においてつながりをつくっている活動は何か。活動に含まれる者は誰か、排除されている者は誰か。③過程：意思決定と対話への参加。誰が意思決定と対話に参加し、誰が参加していないか。④変革：変革の対象は何か。何を変え、何を変えないのか。⑤教育：カリキュラムの構成要素。カリキュラムに何を含め、何を含めないか、である。

5. 研究動向レビューからの示唆

1）リーダーシップモデル

　効果的な教育長のリーダーシップモデルについては、NPBEA（2015）の10基準にまとめられている。これは、「資質・能力」に焦点をあてた、教育長養成のカリキュラム開発において有用な知見である。しかし、日常における教育長のリーダーシップを「態度・行動」の側面から捉えるツールとしては、複雑すぎて有用性に欠ける。そこで、Cuban（1988）やJohnson（1996）の3次元論、Kowalski et al.（2010）の5次元論等の、やや抽象度の高いモデルが、教育長の態度・行動の実態を説明する上では

有用である。

　教育長のリーダーシップには複数の次元があり、同時的に遂行されている。ただし、時代とともに、リーダーシップモデルの焦点は徐々に変化している。2002年のNCLB法を契機として、特に教育的リーダーシップへの関心が急激に高まった。カリキュラムや授業実践に対する専門的知識が、教育長の専門性の条件として意識されるようになった（Lewis et al. 2011）。教育的リーダーシップモデルは、学力向上・学力格差抑制と直結するため、現在においても関心の高さにそれほどの変化はない。校長とのリーダーシップの共有や教員リーダーシップ促進等の分散型リーダーシップモデルの思考を取り込み、更に発展を遂げている。

　一方、変革的リーダーシップと政治的リーダーシップは融合を遂げ、社会正義リーダーシップモデルへと進化しているように見える。社会正義リーダーシップには、価値・資源配分・紐帯の変革が求められ、また、多様な人々の対立葛藤調整が内包されている。変革と政治の要素の双方を取り込んだモデルであると言える。

　NPBEA（2015）は、教育リーダーのミッションとして、学力向上（Academic Success）と幸福（Well-being）を掲げている。学力向上が教育的リーダーシップの対象であるとすれば、幸福は社会正義リーダーシップの対象であると解釈できる。今日、教育長のリーダーシップモデルは、教育的リーダーシップと社会正義リーダーシップの2つに集約されつつあると考えられる。

2）直接効果モデルの再考

　教育長の教育的リーダーシップと学力水準との相関性がメタ分析によって検証されている（Marzano & Waters2009）。しかし、双方の変数を直接的な影響関係として捉えることには違和感がある。直接的な影響関係を否定する研究（Hough2014）も、その後報告されている。双方の変数は、間接的な影響関係として捉えた上で、適切な媒介変数を設定する作業が必要であると考えられる。先行研究を見ると、媒介変数とは、校長のリーダーシップ（Danna & Spatt2013）、教員リーダーシップ（Wells et al. 2010）、継続的な学校改善及びカリキュラム・授業改善を促進する仕組み

づくり（Lewis et al.2011）であると言える。これらの媒介変数が適切に順次機能していくことで、子供の学力水準は高まると考えられる。

　それでは、教育長のリーダーシップは、校長のリーダーシップ、ミドルリーダーのリーダーシップ、学校改善（組織文化・風土、組織構造を含む）、カリキュラム・授業改善（教員の授業力を含む）、そして、子供の学力水準のどのレベルにまで影響を及ぼすことができるのであろうか。教育長のリーダーシップと学力水準の関係性については、先行研究でフォローされていない変数も視野に入れた上で、一度、因果推論の視点から検証作業を実施する必要がある。

　教育長のリーダーシップと学力水準との相関性を解明しようとする研究のもう一つの違和感は、子供の学力水準は、教育長個人のリーダーシップによって決まるものではないとする素朴な疑問から生じている。子供の学力水準は、学校・家庭・地域（教育委員会・政治を含む）における人々のリーダーシップの総量によって強い影響を受けるものと考えられる。米国を対象とした研究では、藤岡（2013）が、既にこうした視点を打ち出している。教育長のリーダーシップが学力水準に影響を及ぼすという学術的知見は、エビデンスという形で、教育長に強烈なアカウンタビリティを要求する背景になっていると考えられる。期待されているからこそ、また、問題解決のための権限を有していると関係者に認識されているからこそ、教育長のアカウンタビリティが問われるのである。日本の場合は、低学力の原因を教育長に帰属し、責任を問うような現象は見られない。日本において教育長職は、自立した専門職として確立しているとは言い難い。

　教育長のリーダーシップによる学力向上の影響プロセスと併せて検討しておきたいことは、教育リーダーのもう一つのミッションである幸福への影響プロセスである。先述したように、教育的リーダーシップが学力水準に対応するとすれば、社会正義リーダーシップが幸福に対応する。教育長の社会正義リーダーシップから子供の幸福に至る影響プロセスについても、同様に検討する必要がある。

3）文脈応答性

　Bredeson et al.（2011）は、教育長の職務特性を、学区規模、事務局の

組織文化、地域特性と地理的要因、予算状況、政治的風土の文脈要因がもたらす日常的な対立葛藤の調整においている（文脈応答的リーダーシップ）。複雑で多様な文脈が交差する状況下において、葛藤調整の実践知を生成し、日々対応するという教育長の行動特性に着目している。教育長の場合は、校長よりも更に意思決定において考慮すべき文脈が複雑で多様である。Bredeson et al.（2011）の研究成果を考慮しつつも、日本の教育長が直面している複雑かつ多様な文脈の実態を把握するとともに、それらの文脈変数による教育長の行動への影響等についても、把握する必要がある。日本の場合は、自治体の人口規模や地域特性、政治的文脈（首長・議会・政党・教育委員会・予算・人事）、事務局組織・スタッフの特性、学区・学校が抱える課題、そして、教育長個人の特性（キャリア・人脈・資質能力等）の対立葛藤調整の中で、教育長はリーダー行動を選択していると考えられる。Bredeson et al.（2011）は、教育長を、文脈に受動的に依存する存在としてではなく、能動的にこれらの文脈に働きかけ、文脈の形成を試みる主体的存在としても捉えている。教育長のリーダーシップと文脈変数との双方向の影響関係を視野に入れた分析・検討が求められる。

4）計量分析

　米国における教育長研究の大半は、事例研究（質的研究）である。*Journal of School Leadership* に掲載されている多くの論文は、学術研究の手続きを踏まえた、中長期間の観察・インタビューデータを使用している。質的研究に比べると、計量研究の質は、それほど高いとは言えない。記述統計程度の研究も複数ある。近年、その重要性が指摘されている因果推論に踏み込んだ研究（時系列データ使用、観察データを用いた傾向スコアマッチング法の活用等）は、管見の限り皆無であった。教育長のリーダーシップと学力水準の関係についても、現代であれば、因果関係の説明が求められるであろう。分析の精度を高めるためのデータ生成と計量分析技法の活用が求められる。

6.　結語

　本章の目的は、米国における教育長のリーダーシップ実践を対象とする

研究を、教育・変革・政治・社会正義の視点から整理・検討するとともに、次章以降の調査研究実施のための学術的示唆を得ることにあった。

研究動向レビューを通して、①教育長のリーダーシップモデルの整理、②教育長のリーダーシップと学力水準の直接効果の再考、③文脈応答性の重視、④計量分析の促進という、今後の教育長のリーダーシップを対象とする学術研究を推進する上での4つの視点を得ることができた。

ただし、今回の研究動向レビューでは、論文を入手するハードルが低いものが中心となっており、最も件数が多い博士論文がレビューの射程に含まれていないという限界がある。

また、検索キーワードが「superintendent-leadership」のみであり、school board や district 等の関連キーワードでの検索が実施できていない。更に、全体的な研究動向を数量的に記述する作業等も、今後の課題として残されている。

〈参考文献〉

Bird, J. J. & Wang, C. (2013). Superintendents describe their leadership styles: Implications for practice. *Management in Education, 27* (1), 14-18.

Bird, J., Wang, C., & Murray, L. M. (2009). Building budget and trust through superintendent leadership. *Journal of Educational Finance, 35* (2), 140-156.

Bredeson, P. V., Klar, H. W., & Johansson, O. (2011). Context-responsive leadership: Examining superintendent leadership in context. *Educational Policy Analysis Archives, 19* (18), 1-24.

中央教育審議会 (2007)「教育基本法の改正を受けて緊急に必要とされる教育制度の改正について(答申)」

中央教育審議会 (2013)「今後の地方教育行政の在り方について(答申)」

中央教育審議会 (2015a)「新しい時代の教育や地方創生の実現に向けた学校と地域の連携・協働の在り方と今後の推進方策について(答申)」

中央教育審議会 (2015b)「チームとしての学校の在り方と今後の改善方策について(答申)」

Cray, M. & Weiler, S. C. (2011). Principal preparation: Superintendent perceptions of new principals. *Journal of School Leadership, 21*, 927-945.

Cuban, L. (1988). *The managerial imperative and the practice of leadership in schools.* Albany: State University of New York Press.

Danna, S. & Spatt, I. (2013). The impact of superintendent support for curriculum mapping on principals' efficacious se of maps. *Journal of School Leadership, 23*, 178-210.

DeMatthews, D., Izquierdo, E., & Knight, D. S. (2017). Righting past wrongs: A superintendent's social justice leadership for dual language education along the U.S. -Mexico border. *Education Policy Analysis Archives, 25* (1), 1-28.

Fenn, W. L., & Mixon, J. (2011). An examination of self-perceived transformational leadership behaviors of Texas superintendents. *International Journal of Educational Leadership Preparation*, 6（2）, 1-14.

Feuerstein, A.（2013）. Knuckling under? School superintendents and accountability-based educational reform. *Journal of School Leadership*, 23（5）, 854-897.

藤岡恭子（2013）「米国都市学区における『学校風土』の開発と教育長のリーダーシップ―New Haven School Change における学習コミュニティの創造―」『日本教育行政学会年報』39、pp.133-149

Furman, G.（2012）. Social justice leadership as praxis: Developing capacities through preparation programs. *Journal of School Leadership*, 48（2）, 191-229.

Grissom, J. A. & Mitani, H.（2016）. Salary, performance, and superintendent turnover. *Educational Administration Quarterly*, 52（3）, 351-391.

Hough, K. L.（2014）. Internal accountability and district achievement: How superintendents affect student learning. *Journal of School Leadership*, 24, 32-59.

Johnson, S. M.（1996）. *Leading to change: The challenge of the new superintendency*. San Francisco: Jossey-Bass.

加治佐哲也（1998）『教育委員会の政策過程に関する実証的研究』多賀出版

Katz, S.（2012）. Border crossing: A black woman superintendent builds democratic community in unfamiliar territory. *Journal of School Leadership*, 22, 771-788.

河野和清（2007）『市町村教育長のリーダーシップに関する研究』多賀出版

河野和清（2017）『市町村教育委員会制度に関する研究』福村出版

Kowalski, T. J.（1999）. *The school superintendent: Theory, practices and cases*. Upper Saddle River, NJ: Merrill, Prentice Hall.

Kowalski, T. J.（2005）. Evolution of the school superintendent as communicator. *Communication Education*, 54（2）, 101-117.

Kowalski, T. J., McCord, R. S., Petersen, G., J., Young, I. P., Ellerson, N. M.（2010）. *The American school superintendent:* 2010 *decennial study*. Lanham, MD: Rowan & Littlefield Education.

Kruse, S. D., Rodela, K. C., & Huggins, K. S.（2018）. A regional network of superintendents confronting equity: Public and private messy messages. *Journal of School Leadership*, 28, 82-109.

Lawson, H. A., Durand, F. T., Wilcox, K. C., Gregory, K. M., Schiller, K. S., & Zuckerman, S. J.（2017）. The role of district and school leaders' trust and communications in the simultaneous implementation of innovative policies. *Journal of School Leadership*, 27, 31-67.

Leithwood, K., & Mascall, B.（2008）. Collective leadership effects on student's achievement. *Educational Administration Quarterly*, 44（4）, 529-561.

Lewis, T., Rice, M., & Rice Jr, R.（2011）. Superintendents' beliefs and behaviors regarding instructional leadership standards reform. *International Journal of Educational Leadership Preparation*, 6（1）, 1-13.

Marzano, R. J., & Waters, T.（2009）. *District leadership that works*. Bloomington, IN: Solution Tree.

Maxwell, G. M., Locke, L. A., & Scheurich, J. J.（2014）. The rural social justice leader: An exploratory profile in resilience. *Journal of School Leadership*, 24, 482-508.

NPBEA（2015）. *Professional Standards for Educational Leaders*. http://npbea.org/wp-content /uploads/2017/06/Professional-Standards-for-Educational-Leaders_2015.pdf（2018.7.20）

Oakley. D. L., Watkins, S. G., & Sheng, B. Z. (2017). Illinois public school superintendents: Influencing state-level education legislation and policy-making in Illinois. *Journal of Scholarship and Practice*, 13 (4), 4-18.

Peterson, G. J. (1999). Demonstrated actions of instructional leader: A case study of five superintendents *Educational Policy Analysis Archives*, 7 (18). http://epaa.asu.edu/ojs/article/view/553. (2018.7.20)

Peterson, G. L., & Arnett, B. G. (2005). The superintendent as instructional leader: Current practice, future conceptualizations, and implications for preparation. In Bjork, L. G., Kowalski, T. J. (Eds.) *The contemporary superintendent: reparation, practice, and development.* Thousand Oaks, CA: Corwin., 107-136.

佐々木幸寿（2006）『市町村教育長の専門性に関する研究』多賀出版

笹森健（1987）『任命制下の市町村教育委員会に関する研究』酒井書店

Sauers, N. J., Richardson, J. W., & Mcleod, S. (2014). Technology-Savvy school superintendents: Successes and challenges. *Journal of School Leadership*, 24, 1177-1201.

Scribner, S. M. P., Crow, G. M., Lopez, G., Murtadha, K. (2011). "Successful" principals: A contested notion for superintendents and principals. *Journal of School Leadership*, 21, 390-421.

Spillane, J. P. (2006). *Distributed leadership. San Francisco.* CA: Jossey-Bass.

露口健司（2001）「教育長のリーダーシップが校長及び学校組織に及ぼす影響について」『日本教育行政学会年報』27、pp.112-125

露口健司（2008）『学校組織のリーダーシップ』大学教育出版

Wahlstrom, K. L., Louis, K. S., Leithwood, K., Anderson, S. E. (2010). *Investigating the links to improved student learning: Executive summary research findings.* http://www.wallacefoundation.org/knowledge-enter/Documents/Investigating-the-Links-to-Improved-Student-Learning-Executive-Summary.pdf (2018.7.23)

Waters, J. T., & Marzano, R. J. (2006). *School district leadership that works: The effect of superintendent leadership on student achievement.* Denver, CO: McREL.

Wells, C. M. (2012). Superintendents' perceptions of teacher leadership in selected districts. *International Journal of Educational Leadership Preparation*, 7 (2), 1-10.

Wells, C. M., Maxfield, C. R., Klocko, B., Feun, L. (2010). The role of superintendents in supporting teacher leadership: A study of principals' perceptions. *Journal of School Leadership*, 20, 669-693.

Williams, P.R., Tabernik, A.M., Krivak, T. (2009). The power of leadership, collaboration, and professional development: The story of the SMART consortium. *Education and Urban Society*, 41 (4), 437-456.

Wilmore, E. (2008). *Superintendent leadership: Applying the educational leadership constituent council (ELCC) standards for improved district performance.* Thousand Oaks, CA: Corwin Press.

Wyland, C. (2016). Underrepresentation of females in the superintendency in Minnesota. *Planning and Changing*, 47, 47-62.

（露口健司）

第2章 | 教育長のリーダーシップの構造

はじめに——新教育委員会制度への移行と教育長のリーダーシップ

　2014年に「地方教育行政の組織及び運営に関する法律」（地教行法）が改正され、2015年度からは、新しい教育委員会制度の下で自治体における教育行政が運用されている。従来は教育長と教育委員長の職務は区別されていたが、新教育委員会制度の下では、教育長と教育委員長の職務は一本化され、教育長は教育行政の第一義的な責任者としての位置付けが明確化された（藤原2018；文部科学省2014；村上編2014）。新教育委員会制度への移行に関する評価について、首長及び教育長に対して行われた全国規模のアンケート調査の結果からは、自治体の規模によって評価が異なるものの、全体としては、教育委員会制度改革については肯定的に評価がなされていることが明らかにされている（村上・本田・小川2019）。

　先述したように新教育委員会制度においては、自治体における教育行政の運営において、教育長に第一義的な責任者としての位置付けを明確化しているわけだが、このことは、教育長により一層リーダーシップを発揮することが求められているといえる。そもそも現状として教育長のリーダーシップとしてはどのようなものが考えられるのだろうか。第1章では、教育長のリーダーシップに関する先行研究の整理・検討が行われているが、その知見からは、教育長のリーダーシップは多元的構造をなしており、（1）変革的リーダーシップ（transformational leadership）、（2）教育的リーダーシップ（instructional leadership ／ educational leadership）、（3）社会正義リーダーシップ（social justice leadership）、（4）政治的リーダーシップ（political leadership）の4次元から構成されていることが明らかにされている。**表1**は、第1章の知見をまとめたものである。

　本章では、このように理論的に整理・検討された教育長のリーダーシッ

表1　教育長のリーダーシップ次元

次元	説明
変革的リーダーシップ	現状維持志向の対置概念であり、教育政策の改革を推進し、効果的な実践を志向する
教育的リーダーシップ	児童生徒の学力向上及び学力格差の是正を志向する
社会正義リーダーシップ	社会的に排除されやすい人々に目を向け、社会的包摂に向けて支援することを志向する
政治的リーダーシップ	教育長としての説明責任の遂行、地域の利害関係調整、資源配分過程における透明性を志向する

プの多元的構造が、量的データからも確認できるのか、その検証を全国規模のアンケート調査の結果を基に明らかにする。具体的には、まず因子分析によって教育長のリーダーシップの次元を抽出し、次に抽出された各次元を構成する具体的な内容を検討する。実証において用いるデータセットは、国立教育政策研究所が調査主体となり、2018年に小中学校長を対象とした全国規模のアンケート調査[i]（「市区町村において子供の学力と学校幸福度を高める要因についての調査」）を用いる。この調査の特徴の一つとしては、教育長のリーダーシップに関する設問について、教育長本人が行う自己評価ではなく、所管する小中学校の校長が、教育長のリーダーシップについて回答する他者評価である点が挙げられる。教育長のリーダーシップを教育長の自己評価ではなく、校長による教育長の他者評価を行うことによって、より多元的に教育長のリーダーシップを捉えられることが可能になる。実施したアンケート調査では、教育長のリーダーシップにおける3次元（教育的、管理的、政治的）を実証的に明らかにしている河野（2007）の設問項目を中心としながら、第1章および第5章の知見を加味して、計64の教育長のリーダーシップに関する質問項目が設定されている。基本的な設問文は、「貴校を所轄する市区町村教育委員会の教育長の職務行動についてお尋ねします」（回答：1．全くそう思わない、2．余りそ

う思わない、３．どちらともいえない、４．ややそう思う、５．かなりそう思う）である。

1．因子分析による教育長のリーダーシップ次元の抽出

　まずは、教育長のリーダーシップにおける多元的構造を定量的に明らかにする上で、アンケート調査で設定した64の設問項目（**表4**）を基に、因子分析によって明らかにする。因子分析[ii]とは、アンケート調査で設定する複数の観察可能な変数（観察変数）から、観察が不可能な潜在変数（凶子）を推定し、その解釈を試みる統計的手法である（廣森2004；敷島2016；柳井・繁桝・前川・市川1990）。本章で言及している次元とは、この因子のことである。

　本章の因子分析では、因子負荷量の推定としては最尤法を用い、因子の回転法としてはプロマックス回転を用いた。因子負荷量は0.3以上[iii]を境界値として、４因子を抽出した[iv]。**表2**は因子分析の結果を示したものである。

　第1因子は、「校長のリーダーシップへの期待」、「学校の裁量や自主性の重視」、「校長への信頼」、「校長への傾聴」、「地域の教育実態の把握」、「校長を褒めて士気を高める」、「校長会との意思疎通」、「誠実で謙虚な姿勢」、「リーダーとしての模範」、「校長、教員への語り」、「学校教育への魅力的なビジョン」、「校長への個別支援」、「慣習にとらわれない意思決定」、「多様な角度からの視点」、「人事における個人の能力・業績の重視」、「子供や地域第一の行動」、「校長・教員の人材育成」、「適材適所の教員人事」の18項目から構成されている。これらは、校長や学校との信頼形成における教育長の影響力を示している。第1章を踏まえて、変革的リーダーシップと命名した。

　第2因子は、「データ根拠の要求」、「データや資料に基づく施策の評価」、「学力向上への意欲的取り組み」、「重点目標の達成要求」、「社会の変化の先取り」、「教育施策の学校への徹底」、「アイデアの積極的提案」、「地域教育への明確な教育ビジョン」、「問題解決のための情報収集」、「政策評価結果の次年度への活用」、「教育施策のPR」、「教員研修の推進」、「校長に対

する指示の明確さ」、「法令の解釈」、「社会教育や生涯学習へのビジョン」、「社会教育や生涯学習を振興する施策」、「教育長自らの研鑽」、「決断や対応の迅速さ」、「教育課題解決のための施策実施」、「教育機関の安全管理の徹底」の20項目から構成されている。これらは、学力向上や客観的な根拠としてのデータを求めることへの教育長の影響力を示している。第1章を踏まえて、教育的リーダーシップと命名した。

　第3因子は、「保護者や地域住民を魅了する語り」、「地域行事での心に残る挨拶」、「住民との懇談」、「子供の意見への傾聴」、「対応困難な保護者や地域住民の説得」、「校長・教員への指導助言」、「教育現場への訪問」、「保護者や地域住民のつながり」、「児童生徒の福祉向上への取り組み」、「学校職員への賛辞」、「保護者やPTAとの対話の重視」、「社会教育関係団体や自治会組織との関係強化」、「地域の教育格差問題の解消への意欲」、「研修会等への出席と指導助言」、「地域づくりへの積極的貢献」、「献身的な働きぶり」、「家庭問題への理解」、「住民の意見や要望への傾聴」の18項目から構成されている。これらは、地域や保護者とのつながりづくりへの支援や排除への着目において教育長の影響力がみられるものである。第1章を踏まえて、社会正義リーダーシップと命名した。

　第4因子は、「首長との信頼関係」、「首長（部局）との適切な予算交渉」、「教育委員との意思疎通」、「議会や首長に対する調整能力」、「教育委員会事務局の統括」、「教育予算の獲得」、「幅広いネットワーク」の7項目から構成されている。これらは、ステークホルダーとの葛藤や調整へ教育長の影響力がみられるものである。第1章を踏まえて、政治的リーダーシップと命名した。なお、**図1**は、因子分析を視覚的なイメージが可能になるように、因子分析の結果を踏まえて、政治的リーダーシップの構造を図示したものである。この図における、政治的リーダーシップが潜在変数であり、「首長との信頼関係」、「首長（部局）との適切な予算交渉」、「校長・教員への指導助言」、「議会や首長に対する調整能力」、「教育委員会事務局の統括」、「教育予算の獲得」、「幅広いネットワーク」の7つの変数が観察変数である。$\varepsilon 1 \sim \varepsilon 7$は、各変数に独自の成分（独自因子）である。

　また各リーダーシップ次元における信頼係数（クロンバックのα係数）

は、第1因子である変革的リーダーシップ（$a = 0.974$）、第2因子である教育的リーダーシップ（$a = 0.966$）、第3因子である社会正義リーダーシップ（$a = 0.974$）、第4因子である政治的リーダーシップ（$a = 0.913$）といずれの値も高く、内的整合性が確認される。また因子間の相関は、全てにおいて高い相関が認められた。

表2　リーダーシップ次元の因子分析の結果（最尤法、プロマックス回転）

因子名と項目	F1	F2	F3	F4
<F1: 変革的リーダーシップ> a =0.974				
Q5_2: 校長のリーダーシップへの期待	0.900	0.182	-0.273	-0.016
Q5_6: 学校の裁量や自主性の重視	0.894	-0.136	0.009	0.079
Q5_10: 校長への信頼	0.890	0.002	-0.021	0.023
Q5_1: 校長への傾聴	0.871	-0.066	0.011	0.055
Q5_4: 地域の教育実態の把握	0.733	0.230	-0.101	0.018
Q5_16: 校長を褒めて士気を高める	0.703	-0.118	0.380	-0.053
Q5_43: 校長会との意思疎通	0.655	0.009	0.112	0.145
Q5_63: 誠実で謙虚な姿勢	0.637	-0.113	0.245	0.116
Q5_64: リーダーとしての模範	0.507	0.128	0.251	0.065
Q5_19: 校長、教員への語り	0.494	0.087	0.464	-0.120
Q5_9: 学校教育への魅力的なビジョン	0.423	0.388	0.165	-0.081
Q5_25: 校長への個別支援	0.391	-0.045	0.389	0.138
Q5_11: 慣習にとらわれない意思決定	0.388	0.376	0.034	0.052
Q5_18: 多様な角度からの視点	0.379	0.267	0.287	-0.017
Q5_7: 人事における個人の能力・業績の重視	0.376	0.213	0.052	0.161
Q5_29: 子供や地域第一の行動	0.370	0.136	0.299	0.100
Q5_22: 校長・教員の人材育成	0.347	0.290	0.223	0.073
Q5_13: 適材適所の教員人事	0.307	0.141	0.102	0.281
<F2: 教育的リーダーシップ> a =0.966				
Q5_3: データ根拠の要求	0.152	0.784	-0.312	-0.049
Q5_41: データや資料に基づく施策の評価	-0.013	0.741	0.019	0.105
Q5_42: 学力向上への意欲的な取り組み	0.018	0.684	-0.027	0.122
Q5_50: 重点目標の達成要求	-0.363	0.655	0.330	0.049
Q5_33: 社会の変化の先取り	-0.005	0.633	0.193	0.054
Q5_44: 教育施策の学校への徹底	0.043	0.617	0.043	0.116
Q5_51: アイデアの積極的提案	-0.180	0.613	0.489	-0.124
Q5_8: 地域教育への明確な教育ビジョン	0.326	0.595	0.066	-0.155
Q5_31: 問題解決のための情報収集	0.095	0.583	0.017	0.224
Q5_53: 政策評価結果の次年度への活用	-0.024	0.560	0.201	0.169
Q5_5: 教育施策のPR	0.231	0.556	0.105	-0.088

Q5_23: 教員研修の推進	0.265	0.539	0.042	-0.015
Q5_14: 校長に対する指示の明確さ	0.107	0.528	0.208	-0.015
Q5_35: 法令の解釈	0.080	0.482	-0.035	0.324
Q5_15: 社会教育や生涯学習へのビジョン	0.207	0.474	0.230	-0.049
Q5_24: 社会教育や生涯学習を振興する施策	-0.009	0.470	0.298	0.057
Q5_40: 教育長自らの研鑽	0.042	0.426	0.345	0.032
Q5_27: 決断や対応の迅速さ	0.101	0.416	0.171	0.211
Q5_30: 教育課題解決のための施策実施	0.243	0.408	0.143	0.140
Q5_46: 教育機関の安全管理の徹底	-0.099	0.404	0.001	0.398

<F3: 社会正義リーダーシップ> α =0.974

Q5_62: 保護者や地域住民を魅了する語り	0.094	0.019	0.810	-0.012
Q5_49: 地域行事での心に残る挨拶	0.194	0.040	0.746	-0.085
Q5_52: 住民との懇談	-0.052	0.092	0.674	0.147
Q5_59: 子供の意見への傾聴	0.128	-0.059	0.627	0.209
Q5_57: 対応困難な保護者や地域住民の説得	0.005	-0.059	0.588	0.337
Q5_38: 校長・教員への指導助言	0.246	0.206	0.575	-0.123
Q5_48: 教育現場への訪問	0.213	0.017	0.566	0.051
Q5_17: 保護者や地域住民のつながり	0.164	0.084	0.552	0.068
Q5_60: 児童生徒の福祉向上への取り組み	0.113	-0.001	0.551	0.253
Q5_37: 学校職員への賛辞	0.451	-0.086	0.545	-0.041
Q5_45: 保護者やPTAとの対話の重視	0.019	0.147	0.535	0.187
Q5_26: 社会教育関係団体や自治会組織との関係強化	-0.067	0.200	0.521	0.174
Q5_39: 地域の教育格差問題の解消への意欲	-0.008	0.133	0.501	0.218
Q5_28: 研修会等への出席と指導助言	0.225	0.294	0.479	-0.130
Q5_61: 地域づくりへの積極的貢献	0.200	0.098	0.475	0.161
Q5_34: 献身的な働きぶり	0.339	0.153	0.408	0.032
Q5_36: 家庭問題への理解	0.199	0.057	0.382	0.240
Q5_20: 住民の意見や要望への傾聴	0.190	0.184	0.328	0.150

<F4: 政治的リーダーシップ> α =0.913

Q5_54: 首長との信頼関係	0.023	0.001	-0.060	0.785
Q5_56: 首長（部局）との適切な予算交渉	0.004	0.050	0.059	0.731
Q5_58: 教育委員との意思疎通	0.201	-0.057	0.180	0.561
Q5_32: 議会や首長に対する調整能力	0.073	0.227	0.062	0.538
Q5_55: 教育委員会事務局の統括	0.371	-0.077	0.074	0.535
Q5_12: 教育予算の獲得	0.124	0.197	0.027	0.374
Q5_47: 幅広いネットワーク	-0.029	0.171	0.323	0.364

	平均値 （項目）	標準偏差 （項目）	因子相関			
F1: 変革的リーダーシップ	3.960	0.786	1.000	0.730	0.792	0.689
F2: 教育的リーダーシップ	3.996	0.650	0.730	1.000	0.793	0.705
F3: 社会正義リーダーシップ	3.723	0.774	0.792	0.793	1.000	0.761
F4: 政治的リーダーシップ	3.839	0.712	0.689	0.705	0.761	1.000

表3　各変数の記述統計量

	度数	最小値	最大値	平均値	標準偏差
Q5_1: 校長への傾聴	1004	1	5	4.024	1.000
Q5_2: 校長のリーダーシップへの期待	1004	1	5	4.433	0.779
Q5_3: データ根拠の要求	1004	1	5	4.165	0.785
Q5_4: 地域の教育実態の把握	1004	1	5	4.241	0.884
Q5_5: 教育施策の PR	1004	1	5	4.078	0.852
Q5_6: 学校の裁量や自主性の重視	1004	1	5	3.972	0.996
Q5_7: 人事における個人の能力・業績の重視	1004	1	5	3.735	0.870
Q5_8: 地域教育への明確な教育ビジョン	1004	1	5	4.184	0.880
Q5_9: 学校教育への魅力的なビジョン	1004	1	5	3.980	0.954
Q5_10: 校長への信頼	1004	1	5	4.093	0.954
Q5_11: 慣習にとらわれない意思決定	1004	1	5	3.981	0.905
Q5_12: 教育予算の獲得	1004	1	5	3.253	0.904
Q5_13: 適材適所の教員人事	1004	1	5	3.491	0.869
Q5_14: 校長に対する指示の明確さ	1004	1	5	3.817	0.881
Q5_15: 社会教育や生涯学習へのビジョン	1004	1	5	3.907	0.910
Q5_16: 校長を褒めて士気を高める	1004	1	5	3.814	1.062
Q5_17: 保護者や地域住民のつながり	1004	1	5	3.704	0.943
Q5_18: 多様な角度からの視点	1004	1	5	3.954	0.913
Q5_19: 校長、教員への語り	1004	1	5	3.825	1.035
Q5_20: 住民の意見や要望への傾聴	1004	1	5	3.865	0.847
Q5_21: 県教委や教育事務所との連携	1000	1	5	3.923	0.855
Q5_22: 校長・教員の人材育成	1004	1	5	3.881	0.866
Q5_23: 教員研修の推進	1004	1	5	3.997	0.811
Q5_24: 社会教育や生涯学習を振興する施策	1004	1	5	3.676	0.857
Q5_25: 校長への個別支援	1004	1	5	3.677	1.056
Q5_26: 社会教育関係団体や自治会組織との関係強化	1004	1	5	3.679	0.838
Q5_27: 決断や対応の迅速さ	1004	1	5	4.068	0.849
Q5_28: 研修会等への出席と指導助言	1004	1	5	3.778	0.991
Q5_29: 子供や地域第一の行動	1004	1	5	4.120	0.902
Q5_30: 教育課題解決のための施策実施	1004	1	5	4.014	0.823
Q5_31: 問題解決のための情報収集	1004	1	5	4.082	0.790
Q5_32: 議会や首長に対する調整能力	1004	1	5	3.870	0.881
Q5_33: 社会の変化の先取り	1004	1	5	3.970	0.876
Q5_34: 献身的な働きぶり	1004	1	5	3.826	0.962
Q5_35: 法令の解釈	1004	1	5	4.043	0.801
Q5_36: 家庭問題への理解	1004	1	5	3.820	0.891
Q5_37: 学校職員への賛辞	1004	1	5	3.752	0.987
Q5_38: 校長・教員への指導助言	1004	1	5	3.733	0.993
Q5_39: 地域の教育格差問題の解消への意欲	1004	1	5	3.506	0.907
Q5_40: 教育長自らの研鑽	1004	1	5	3.920	0.902
Q5_41: データや資料に基づく施策の評価	1004	1	5	3.997	0.817
Q5_42: 学力向上への意欲的取り組み	1004	1	5	4.238	0.758

Q5_43: 校長会との意思疎通	1004	1	5	4.005	1.006
Q5_44: 教育施策の学校への徹底	1004	1	5	4.089	0.769
Q5_45: 保護者や PTA との対話の重視	1004	1	5	3.822	0.848
Q5_46: 教育機関の安全管理の徹底	1004	1	5	4.147	0.764
Q5_47: 幅広いネットワーク	1004	1	5	3.947	0.843
Q5_48: 教育現場への訪問	1004	1	5	3.715	1.062
Q5_49: 地域行事での心に残る挨拶	1004	1	5	3.681	0.992
Q5_50: 重点目標の達成要求	1004	1	5	3.778	0.825
Q5_51: アイデアの積極的提案	1004	1	5	3.819	0.882
Q5_52: 住民との懇談	1004	1	5	3.709	0.881
Q5_53: 政策評価結果の次年度への活用	1004	1	5	3.939	0.800
Q5_54: 首長との信頼関係	1004	1	5	4.056	0.854
Q5_55: 教育委員会事務局の統括	1004	1	5	4.033	0.925
Q5_56: 首長（部局）との適切な予算交渉	1004	1	5	3.684	0.902
Q5_57: 対応困難な保護者や地域住民の説得	1004	1	5	3.494	0.895
Q5_58: 教育委員との意思疎通	1004	1	5	4.028	0.834
Q5_59: 子供の意見への傾聴	1004	1	5	3.655	0.907
Q5_60: 児童生徒の福祉向上への取り組み	1004	1	5	3.759	0.854
Q5_61: 地域づくりへの積極的貢献	1004	1	5	3.914	0.903
Q5_62: 保護者や地域住民を魅了する語り	1004	1	5	3.609	0.976
Q5_63: 誠実で謙虚な姿勢	1004	1	5	3.995	0.976
Q5_64: リーダーとしての模範	1004	1	5	4.066	0.934

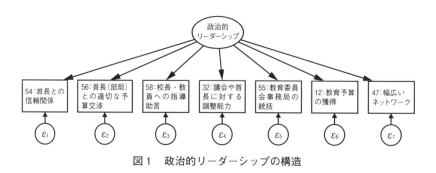

図1　政治的リーダーシップの構造

2. 次元別にみた教育長のリーダーシップの実態

　図2から図5は、各リーダーシップ次元における構成項目の回答（平均値）状況を示したものである。また、図6から図9は各回答の割合（単純集計）を示したものである。

　まず、各因子の平均値を比較すると、高い順に、「教育的リーダーシップ」（3.97）、「変革的リーダーシップ」（3.96）、「政治的リーダーシップ」

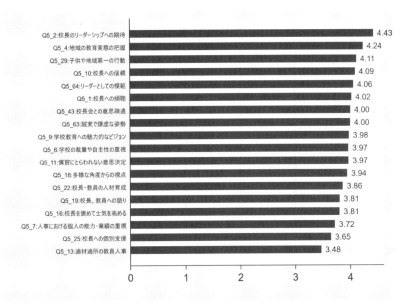

図2　リーダーシップ（変革）

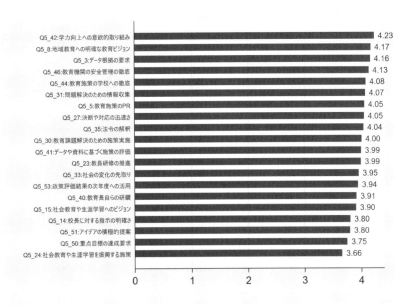

図3　リーダーシップ（教育）

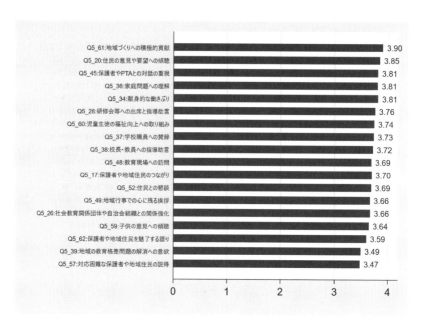

図4　リーダーシップ（社会正義）

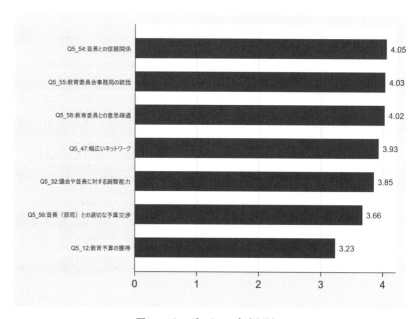

図5　リーダーシップ（政治）

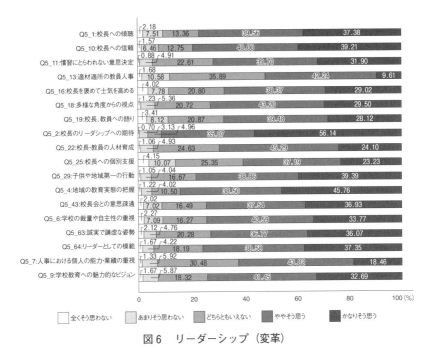

図6　リーダーシップ（変革）

凡例: 全くそう思わない／あまりそう思わない／どちらともいえない／ややそう思う／かなりそう思う

（3.84）、「社会正義リーダーシップ」（3.72）となっている。4因子のうち、特に、「教育的リーダーシップ」と「変革的リーダーシップ」が発揮されている実態が推察される。

　次に、各リーダーシップ次元における構成項目の平均値を見ていく。第1に、「変革的リーダーシップ」について、全18項目とも、「3．どちらともいえない」よりも値が大きくなっており、肯定的な評価がなされている。最も平均値が高い項目は、「校長のリーダーシップへの期待」（4.43）であり、「地域の教育実態の把握」（4.24）、「子供や地域第一の行動」（4.11）、「校長への信頼」（4.09）、「リーダーとしての模範」（4.06）が上位5項目として続く。因子命名のポイントとした校長や学校、さらには地域との信頼形成に対する教育長の影響力が看取される。第2に、「教育的リーダーシップ」について、全20項目とも、「3．どちらともいえない」よりも値が大きくなっており、肯定的な評価がなされている。最も平均値が高い項目は、「学力向上への意欲的取り組み」（4.23）であり、「地域教育への明

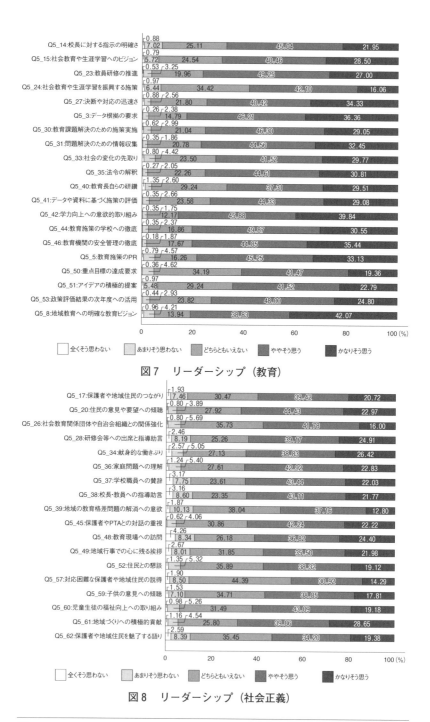

図7　リーダーシップ（教育）

図8　リーダーシップ（社会正義）

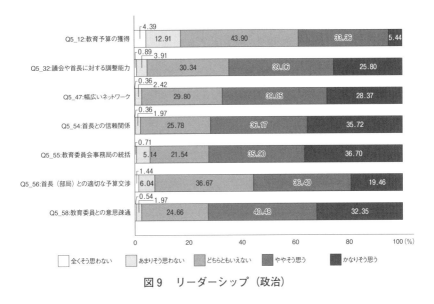

図9　リーダーシップ（政治）

	全くそう思わない	あまりそう思わない	どちらともいえない	ややそう思う	かなりそう思う
Q5_12:教育予算の獲得	4.39	12.91	43.90	33.36	5.44
Q5_32:議会や首長に対する調整能力	0.89	3.91	30.34	39.06	25.80
Q5_47:幅広いネットワーク	0.36	2.42	29.80	39.05	28.37
Q5_54:首長との信頼関係	0.36	1.97	25.78	36.17	35.72
Q5_55:教育委員会事務局の統括	0.71	5.14	21.54	35.90	36.70
Q5_56:首長（部局）との適切な予算交渉	1.44	6.04	36.67	36.40	19.46
Q5_58:教育委員との意思疎通	0.54	1.97	24.66	40.48	32.35

確な教育ビジョン」（4.17）、「データ根拠の要求」（4.16）、「教育機関の安全管理の徹底」（4.13）、「教育施策の学校への徹底」（4.08）が上位5項目として続く。因子命名のポイントとした学力向上や客観的な根拠としてのデータを求めること、さらには、地域教育への明確なビジョンの提示や安全安心な教育環境の整備に対する教育長の影響力が看取される。第3に、「社会正義リーダーシップ」について、全18項目とも、「3．どちらともいえない」よりも値が大きくなっており、肯定的な評価がなされている。最も平均値が高い項目は、「地域づくりへの積極的貢献」（3.90）であり、「住民の意見や要望への傾聴」（3.85）、「保護者やPTAとの対話の重視」（3.81）、「家庭問題への理解」（3.81）、「献身的な働きぶり」（3.81）が上位5項目として続く。因子命名のポイントとした保護者や住民との対話に基づく地域や保護者とのつながりづくりへの支援に対する教育長の影響力が看取される。第4に、「政治的リーダーシップ」について、全7項目とも、「3．どちらともいえない」よりも値が大きくなっており、肯定的な評価がなされている。最も平均値が高い項目は、「首長との信頼関係」（4.05）であり、「教育委員会事務局の統括」（4.03）、「教育委員との意思疎通」（4.02）、「幅広いネットワーク」（3.93）が上位4項目として続く。

因子命名のポイントとした首長をはじめとするステークホルダーとの葛藤
や調整及び幅広いネットワークに対する教育長の影響力が看取される。

表4　教育長のリーダーシップに関する変数名と設問文

貴校を所轄する市区町村教育委員会の教育長の職務行動についてお尋ねします。
次に掲げる項目について、それぞれ最も近いもの一つに○印をお付けください。
（校長の自由なお考えをお聞かせください。）

変数名	設問文
1：校長への傾聴	1．校長の意見や提案によく耳を傾ける
2：校長のリーダーシップへの期待	2．校長のリーダーシップに期待してくれている
3：データ根拠の要求	3．物事を決めるとき、客観的なデータ根拠を求める
4：地域の教育実態の把握	4．地域の教育の実態を正確に把握するよう努めている
5：教育施策のPR	5．教育施策を地域住民に積極的にPRし、理解を求める
6：学校の裁量や自主性の重視	6．学校の裁量や自主性を重視している
7：人事における個人の能力・業績の重視	7．人事を行う場合は、個人の能力・業績を重視する
8：地域教育への明確な教育ビジョン	8．地域の教育についての明確な教育ビジョンを示す
9：学校教育への魅力的なビジョン	9．学校教育についての魅力的なビジョンを示している
10：校長への信頼	10．校長の仕事ぶりを信頼している
11：慣習にとらわれない意思決定	11．過去の慣習にとらわれずに意思決定できる
12：教育予算の獲得	12．教育予算を思いどおりに獲得している
13：適材適所の教員人事	13．適材適所の教職員人事を行っている
14：校長に対する指示の明確さ	14．校長に対して明確に仕事の指示を与える
15：社会教育や生涯学習へのビジョン	15．地域の社会教育や生涯学習についての明確なビジョンを持っている
16：校長を褒めて士気を高める	16．校長を褒めて士気を高めている
17：保護者や地域住民のつながり	17．保護者や地域住民相互のつながりづくりを築く
18：多様な角度からの視点	18．多様な角度からものの見方や考え方を示す

19: 校長、教員への語り	19. 校長・教員を奮い立たせるような語りがある
20: 住民の意見や要望への傾聴	20. 住民（市民）の意見や要望によく耳を傾ける
21: 県教委や教育事務所との連携	21. 都道府県教委や教育事務所と緊密な連携をとる
22: 校長・教員の人材育成	22. 校長・教員の人材育成を積極的に進める
23: 教員研修の推進	23. 教員研修を積極的に推進している
24: 社会教育や生涯学習を振興する施策	24. 社会教育や生涯学習を振興するための施策を積極的に打ち出している
25: 校長への個別支援	25. 校長が困っていたら、個別に支援する
26: 社会教育関係団体や自治会組織との関係強化	26. 社会教育関係団体や自治会組織との関係強化を図る
27: 決断や対応の迅速さ	27. 決断は素早く、対応も迅速である
28: 研修会等への出席と指導助言	28. 教員研修会等に出席し、適切な指導助言を行う
29: 子供や地域第一の行動	29. 子供や地域のことを第一に考えて行動している
30: 教育課題解決のための施策実施	30. 地域の教育課題解決のため、教育施策を着実に実施する
31: 問題解決のための情報収集	31. 問題解決に必要な情報を、素早く収集する
32: 議会や首長に対する調整能力	32. 議会や首長（部局）に対する調整能力が優れている
33: 社会の変化の先取り	33. 社会の変化を先取りし、新しい教育施策を展開する
34: 献身的な働きぶり	34. 献身的な働きぶりが目立つ
35: 法令の解釈	35. 法令を適切に解釈して、事務処理（決裁）を行う
36: 家庭問題への理解	36. 児童生徒の厳しい家庭問題に目を向けている
37: 学校職員への賛辞	37. 学校の職員をよく褒めている
38: 校長・教員への指導助言	38. 校長・教員に対して教育上の専門的指導や助言を適切に行う
39: 地域の教育格差問題の解消への意欲	39. 地域における教育格差問題の解消に意欲的である
40: 教育長自らの研鑽	40. 教育長は自らの研修（自己けんさん）に積極的である
41: データや資料に基づく施策の評価	41. 教育施策実施後の評価を、データや資料に基づいて客観的に行う
42: 学力向上への意欲的取り組み	42. 児童生徒の学力向上に意欲的に取り組んでいる

43: 校長会との意思疎通	43. 校長会との意思疎通を十分に図っている
44: 教育施策の学校への徹底	44. 教育施策の方針や内容を、学校に徹底させている
45: 保護者やPTAとの対話の重視	45. 保護者やPTAとの対話を重視している
46: 教育機関の安全管理の徹底	46. 学校や公民館等の所管の教育機関に対して、安全管理・危機管理の徹底を求める
47: 幅広いネットワーク	47. 教育関係者以外にも広くネットワークを有している
48: 教育現場への訪問	48. 学校や公民館等、教育現場への訪問をよく行う
49: 地域行事での心に残る挨拶	49. 地域の各種行事において、心に残る挨拶を行う
50: 重点目標の達成要求	50. 学校や公民館等の所管の教育機関に対して、教育行政の重点目標の達成を強く求める
51: アイデアの積極的提案	51. 自らの新しい考えやアイデアを積極的に提案する
52: 住民との懇談	52. 地域住民やその代表者とよく懇談する
53: 政策評価結果の次年度への活用	53. 教育施策実施の評価結果を、次年度の教育施策に必ず生かすよう努める
54: 首長との信頼関係	54. 首長との信頼関係は、極めて良好である
55: 教育委員会事務局の統括	55. 教育委員会事務局をうまく統括している
56: 首長（部局）との適切な予算交渉	56. 教育予算をめぐる首長（部局）との対応（交渉）は適切である
57: 対応困難な保護者や地域住民の説得	57. 対応が難しい保護者や地域住民を説得することができる
58: 教育委員との意思疎通	58. 教育委員との意思疎通は図られている
59: 子供の意見への傾聴	59. 子供の意見や要望に十分に耳を傾けている
60: 児童生徒の福祉向上への取り組み	60. 児童生徒の福祉の向上に意欲的に取り組んでいる
61: 地域づくりへの積極的貢献	61. 人づくりを通して地域づくりに積極的に貢献しようと努めている
62: 保護者や地域住民を魅了する語り	62. 保護者や地域住民を魅了する語りがある
63: 誠実で謙虚な姿勢	63. 誠実で謙虚な姿勢を貫いている
64: リーダーとしての模範	64. リーダーとしての模範を示している

i 　調査の詳細は、序章（露口健司・卯月由佳・澤里翼「研究デザイン」）を参照のこと。

ii 　因子分析において、推定方法として慣習的には主因子法が用いられているが、近年では最尤法が主流となっている（鈴木2018）。

iii 　因子分析において、分析で用いた標本の数が1,000を超えており、標本の大きさが十分に大きいため、因子負荷量の境界値として0.3を設定している（繁桝算男・柳井晴夫・森敏昭編2008）。

iv 　質問項目の「都道府県教委や教育事務所と緊密な連携をとる」は、因子負荷量が0.3を超えなかったために、因子分析から除外している。

〈参考文献〉

藤原文雄（2018）『スクールリーダーのための教育政策入門』学事出版

廣森友人（2004）「因子分析」三浦省五監修／前田啓朗・山森光陽編『英語教師のための教育データ分析入門』大修館書店、pp.92-103

河野和清（2007）『市町村教育長のリーダーシップに関する研究』多賀出版

文部科学省（2014）「地方教育行政の組織及び運営に関する法律の一部を改正する法律について（通知）」

村上祐介編（2014）『教育委員会改革５つのポイント』学事出版

村上祐介・本田哲也・小川正人（2019）「新教育委員会制度とその運用実態に関する首長・教育長の意識と評価」『東京大学大学院教育学研究科紀要』58、pp.535-562

敷島千鶴（2016）「Column③　因子分析」赤林英夫・直井道生・敷島千鶴編『学力・心理・家庭環境の経済分析』有斐閣、pp.36-38

繁桝算男・柳井晴夫・森敏昭編（2008）『Q&Aで知る統計データ解析［第2版］』サイエンス社

鈴木雅之（2018）「測定・評価・研究法に関する研究動向と展望」『教育心理学年報』57、pp.136-154

露口健司（2001）「教育長のリーダーシップが校長及び学校組織に及ぼす影響について」『日本教育行政学会年報』27、p.112-125

柳井晴夫・繁桝算男・前川眞一・市川雅教（1990）『因子分析』朝倉書店

（山下　絢・諏訪英広）

第**3**章 教育長のリーダーシップが学校を通して学力に与える間接的効果の発見と経路の解明

1. 教育長のリーダーシップが学力に影響する間接効果モデル

　本章では、教育長のリーダーシップがどのように学力に影響を及ぼしているのかについて着目し、教育長のリーダーシップの効果について検討する。

　米国の教育長には、強大な権限が付与されると同時に、アカウンタビリティが明確に問われているため、米国において教育長のリーダーシップは、学力水準に直接効果を及ぼしやすいと考えられる。しかしながら、その米国においても直接的な影響関係を否定する研究が報告されている（Hough 2014）。教育長のリーダーシップと学力は、間接的な影響関係にあるとして捉えた上で、教育長のリーダーシップの影響過程について適切な媒介変数を設定し検討する必要があると考えられる。このような視点から、先行研究では、影響過程を説明する媒介変数として、校長のリーダーシップ（Dannna & A Spatt 2013）、教員リーダーシップ（Wells et al. 2010）、継続的な学校改善及びカリキュラム・授業改善を促進する仕組みづくり（Lewis et al. 2011）などが検討されている。

　教育長のリーダーシップが発揮されたとき、様々な要因を媒介として、子供の学力は高まると考えられる。このことについて、日本においては、教育長の権限は限定的であることから、教育長のリーダーシップが学力水準に直接効果を及ぼすことは、米国の場合よりも想定しづらい。よって日本においても、教育長のリーダーシップと学力との間には、教育長と校長の関係、校長のリーダーシップ、学校組織文化／構造、授業実践等、複数の間接的経路が存在すると考えられる。そのため、日本における教育長のリーダーシップから学力への影響過程については、媒介変数を設定した間接的効果に着目したモデルによる検証が必要と考えられる。

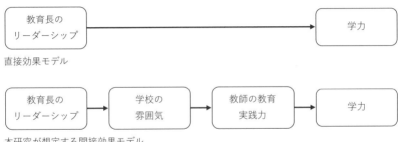

直接効果モデル

本研究が想定する間接効果モデル

図1 教育長のリーダーシップが学力に影響する過程

　ここでは、次のような教育長のリーダーシップが間接的に学力に影響する過程を想定し、そのモデルの妥当性について検討する。具体的には、本研究で注目する教育長のリーダーシップを構成する4次元である、「変革的リーダーシップ」、「教育的リーダーシップ」、「社会正義リーダーシップ」、「政治的リーダーシップ」の各リーダーシップがどのような過程で学力に影響を及ぼすか、「学校の雰囲気」、「教師の教育実践力」を経て学力に影響することを想定したモデル（**図1**）について検討する（4つの教育長のリーダーシップの詳細については、第2章を参照）。

2. 研究の方法

　本章では、教育長本人の自己評価ではなく、所管する小中学校の校長による教育長のリーダーシップについての他者評価の全国規模の質問紙調査の結果を基に行う。教育長のリーダーシップについて検討するプロジェクトにおいて実施した調査票の中から、教育長のリーダーシップについての校長による評価（64項目；第2章参照）、自校の雰囲気についての校長による評価（23項目）、自校の教職員の授業を中心にした教育実践力についての校長による評価（22項目）、学力についての校長による報告（2項目）を用いた。学力は、調査票（15）貴校の「全国・学習状況調査」の「国語A」の平均正答数（平成30年度実施）、（16）貴校の「全国・学習状況調査」の「国語B」の平均正答数（平成30年度実施）、（17）貴校の「全国・学習状況調査」の「算数数学A」の平均正答数（平成30年度実施）、（18）貴校の「全国・学習状況調査」の「算数数学B」の平均正答数（平

成30年度実施）のそれぞれについて報告された正答数を正答率に換算したものを用いた。

　はじめに、学校の雰囲気及び教職員の教育実践力のそれぞれについて次元を抽出するために、因子分析（最尤法、プロマックス回転）を行った。次に、各因子を仮説モデルに組み込み、SPSS Amos ver.23を用いて共分散構造分析を行った。

3. 分析の結果

1）因子分析の結果

　学校の雰囲気については、3つの因子が抽出された（**表1**）。第1因子は、「校長の傾聴」、「校長の教育環境改善への貢献」、「ビジョンの提示」といった教職員への校長からの働きかけ及びその成果が含まれていることから「校長のリーダーシップの発揮」と命名した。第2因子は、「研修で獲得した知識の交換」、「教員間の授業や教育実践についての会話」、「授業や教育実践についての知識の交換」といった教職員の主体的な協力関係が含まれていることから「教職員の意識の高まり」と命名した。第3因子は、「授業の参観と意見交換」、「同僚への授業の公開」、「同僚からのフィードバック」といった項目が含まれていることから「授業の相互評価」と命名した。

表1　学校の雰囲気の因子分析の結果（最尤法、プロマックス回転）

	F1	F2	F3
校長のリーダーシップの発揮（a =0.85）			
Q1_12: 校長の傾聴	0.71	-0.09	-0.03
Q1_16: 校長の教育環境改善への貢献	0.63	-0.04	-0.04
Q1_6: ビジョンの提示	0.60	-0.01	0.06
Q1_1: 教職員の使命の共有	0.58	0.05	0.06
Q1_4: 働きやすい職場	0.57	0.00	-0.04
Q1_22: 校長の課題解決への支援	0.52	0.21	-0.11
Q1_2: 教員の協力	0.51	0.05	0.05
Q1_5: 授業改善の必要性	0.44	0.09	0.15
Q1_15: 同僚に対する誠意	0.40	0.34	-0.03
Q1_7: 学力実態の共有	0.37	0.08	0.13

		F1	F2	F3
Q1_3: 学力向上に向けた理解		0.36	0.16	0.07
教職員の意識の高まり（α =0.88）				
Q1_14: 研修で獲得した知識の交換		-0.19	0.79	0.08
Q1_18: 教員間の授業や教育実践についての会話		-0.02	0.72	-0.09
Q1_13: 授業や教育実践についての知識の交換		-0.06	0.67	0.14
Q1_21: 自発的な高水準の目標設定		0.10	0.60	0.05
Q1_19: 他の教職員の支援		0.15	0.58	-0.05
Q1_20: 学校改善に対する責任意識		0.23	0.58	-0.08
Q1_17: 教員間の教育課題についての会話		0.14	0.57	-0.02
Q1_23: 教職員の重点目標に関する会話		0.15	0.54	0.01
Q1_11: 特別支援についての話し合い		0.22	0.31	0.09
授業の相互評価（α =0.88）				
Q1_9: 授業の参観と意見交換		-0.02	-0.05	0.98
Q1_8: 同僚への授業の公開		0.07	-0.09	0.86
Q1_10: 同僚からのフィードバック		-0.06	0.26	0.63
因子間相関	F2	0.77	—	
	F3	0.52	0.58	—

表2 教職員の教育実践力について因子分析の結果（最尤法、プロマックス回転）

	F1	F2
授業づくり（α =0.92）		
Q2_4: 教材の理解	0.74	-0.05
Q2_2: 児童生徒の理解	0.74	-0.11
Q2_9: 学習評価や授業評価の場の設定	0.70	-0.06
Q2_1: 学習状況の把握と活用	0.70	-0.07
Q2_11: 適切な発問	0.69	0.01
Q2_3: 教材教具の選択と使用	0.64	0.03
Q2_16: 反応による授業の再構成	0.58	0.14
Q2_6: 目標の明確化と授業計画	0.57	0.09
Q2_5: 教材の吟味	0.55	0.03
Q2_15: 児童生徒の思いの導出	0.54	0.19
Q2_13: 児童生徒の状況把握と対応	0.53	0.19
Q2_7: 体験的学習、問題解決学習の導入	0.53	0.15
Q2_10: 構造的な板書	0.52	0.11
Q2_12: 的確な指示と説明	0.48	0.28
Q2_8: 適切な学習形態の工夫	0.44	0.23
Q2_14: 個別指導による学習状況の把握	0.43	0.26
Q2_19: 興味関心の振起	0.42	0.35

学級づくり（α =0.78）		
Q2_17: 聞く状況づくり	-0.15	0.89
Q2_21: 学習ルールの定着	-0.05	0.75
Q2_18: 発言しやすい状況づくり	0.05	0.68
Q2_20: 教室環境の整備	0.21	0.41
因子間相関　　F2	.754	—

　なお、各因子における信頼係数（クロンバックα係数）は、α =0.85〜0.88であり、いずれの値も高く、内的整合性が確認された。また、因子間の相関は、全てにおいて高い相関が認められた。

　教職員の教育実践力については、2つの因子が抽出された。なお、「22.ICTを効果的に活用することができる」は、どの因子においても負荷量が0.30より小さかったため、分析から除外した。第1因子は、「教材の理解」、「児童生徒の理解」、「学習評価や授業評価の場の設定」といった授業の内容や授業準備、学習指導に関わる内容が含まれていることから「授業づくり」と命名した。第2因子は、「聞く状況づくり」、「学習ルールの定着」、「発言しやすい状況づくり」といった学級集団の様子を規定する学級経営に関する内容が含まれていることから「学級づくり」と命名した。

　なお、各因子における信頼係数（クロンバックα係数）は、α =0.78〜0.92であり、いずれの値も高く内的整合性が確認された。また、因子間の相関は、全てにおいて高い相関が認められた。

2）共分散構造分析の結果

　教育長のリーダーシップが間接的に学力に影響を及ぼすと仮定し、教育長のリーダーシップ（4因子）、学校の雰囲気（3因子）、教職員の実践力（2因子）、学力（1因子）の順に因子を配置したモデルを作成した。このモデルに対して、有意でないパスを削除しながら分析を繰り返した結果、おおむね適合していると判断できる値が得られた（CFI=0.97、RMSEA=0.03）ので、**図2**を本研究のデータから得られたモデルとして採用した。

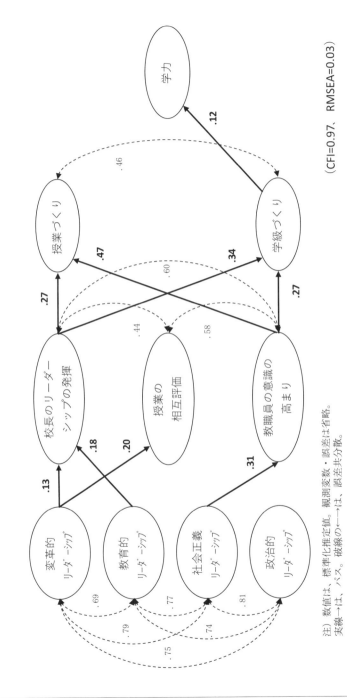

図 2 **教育長のリーダーシップから学力への間接効果モデル**

(CFI=0.97、 RMSEA=0.03)

注) 数値は、標準化推定値。観測変数・誤差は省略。
実線→は、パス。破線の↔は、誤差共分散。

4. 研究から得られる示唆

　教育長のリーダーシップが学力に及ぼす影響についてのモデルによる検証結果を大枠で捉えると、想定した通り、教育長のリーダーシップから学力への直接効果は見いだせないが、教育長のリーダーシップから学校の雰囲気、さらに教職員の教育実践力と順次媒介して学力に影響を及ぼす過程が確認できた。つまり、学力は、教育長のリーダーシップに影響を受けた学校の雰囲気によって引き出された教職員の教育実践力によりその水準が決まってくる可能性がある。

　具体的には、変革的リーダーシップと教育的リーダーシップは、校長のリーダーシップの発揮を介して教師の授業づくり、学級づくりに影響を与えている。一方で、社会正義リーダーシップは、教職員の意識の高まりを介して教師の授業づくり、学級づくりに影響を与えている。このとき学級づくりは学力に直接影響を与えていることから、変革的リーダーシップと教育的リーダーシップ、社会正義リーダーシップは、間接的に学力に影響を及ぼす可能性がある。しかしながら、それぞれのリーダーシップの影響を及ぼす経路は異なっている。変革的リーダーシップと教育的リーダーシップは、校長のリーダーシップの発揮、つまり、校長に直接影響を及ぼすことで学校の雰囲気に影響を与えている。一方で、社会正義リーダーシップは、教職員全体に直接影響を及ぼすことで学校の雰囲気に影響を与えている可能性がある。

　一方、政治的リーダーシップは、首長との信頼関係や首長（部局）との適切な予算交渉のような教育長にとって重要な政治的職務を要素としたものであるが、学校の雰囲気に直接影響を及ぼしていない。しかしながら、政治的リーダーシップは、本研究のモデルでもそのほかのリーダーシップと相関関係が想定される（**図1**）。このことから政治的リーダーシップは、そのほかのリーダーシップを発揮する際に必要な要因と捉えることができる。適切な予算の確保なく、学校の組織や教育活動に影響を与えるようなリーダーシップを発揮することは難しいだろう。リーダーシップは、それぞれ独立しているわけではなく、相補的な関係が想定できる。

また、今回検討したモデルにおいては、授業の相互評価は、授業づくり、学級づくりのどちらにも影響を及ぼしていない。ここでの授業評価とは、授業の参観と意見交換、同僚への授業の公開、同僚からのフィードバック、つまり、日常的な授業相互評価がイメージされている。推測の域を出ないが、例えば、年に1回行われるような定期的な授業研究などの研修は、学校に定着しているが、日常的な授業の相互評価は実現することが難しいという実態、また、実施したとしても授業改善までには至らないという実態を反映しているのではないか。授業研究のようなすでに定着している授業改善の活動に着目した場合、結果は異なってきた可能性もあるだろう。授業づくり、学級づくりには様々な影響を及ぼす可能性があると思われる。例えば、どのような校内研修が学力に影響するのかといった視点から、さらなる検討が必要である。

　また、授業づくりと学級づくりのどちらも学力に影響を及ぼす要因であると考えられるにもかかわらず、授業づくりは学力に直接影響を及ぼさず、学級づくりが学力に直接影響を及ぼすという点は興味深い。教育実践の場では、授業づくりの前提条件として、学級づくりの重要性が指摘されることが多い。どんなに教材研究をして授業改善をしても、もしその学級が崩壊しているとするならば、その授業は成立しないし、本来の教育効果は得られないだろう。学級づくりは、いじめ・不登校を予防するためだけではなく、学力向上のために不可欠なのである。

　日本では、学級集団育成、学習指導、生徒指導や進路指導、教育相談など、学級集団の形成・維持と、学級の子供たちに関する全ての指導・援助を総称して「学級経営」と呼び、授業と生徒指導を統合的にクラス担任が実施することに特徴がある（河村2010）。この学級経営は、日本の特徴といえる。本研究で注目している授業づくりも学級づくりも、この学級経営の中の要素に位置付けることができる。つまり、授業づくりは授業づくり、学級づくりは学級づくりとして独立したものではなく、両者はセットで展開しなければならない。また、セットで展開することで、学力向上などの教育効果が得られると考えられる。それが日本型の学級経営の本質であり、本研究の結果においても、授業づくりと学級づくりの間に、相関関係が見

られるのはそのためであろう。教育長は、これらの状況を踏まえ、校長、教職員それぞれにどのように働きかけるか検討し、授業改善、学級経営がセット展開できるような学校の雰囲気がつくられるよう、自らリーダーシップを発揮することが求められる。

　しかしながら、藤原（2018）は、「日本型学校教育」の良さを認めつつも、それが、長時間労働をはじめとした教師の献身的犠牲の下で成り立ってきたということ、持続可能性が問われていることを直視すべきことを指摘している。おそらく、今後この日本型の学級経営の在り方についても問い直されることだろう。そのような問い直しの中で、本研究で示されたように学級づくりと授業づくりをセットで展開することで得られる効果、あるいは、それらを規定している教育長のリーダーシップの在り方について再度確認しながら、日本型学校教育の強みを見いだしてく必要があると考える。

〈参考文献〉

Danna, S. & Spatt, I.（2013）. The Impact of Superintendent Support for Curriculum Mapping on Principals' Efficacious Use of Maps. *Journal of School Leadership*, 23, 178-210.

藤原文雄編著（2018）『世界の学校と教職員の働き方　米・英・仏・独・中・韓との比較から考える日本の教職員の働き方改革』学事出版

Hough, K.L（2014）. Internal accountability and district achievement: How superintendents affect student learning. *Journal of School Leadership*, 24, 32-59.

河村茂雄（2010）『日本の学級集団と学級経営―集団の教育力を生かす学校システムの原理と展望―』図書文化社

河村茂雄（2015）『こうすれば学校教育の成果は上がる』図書文化社

河村茂雄（2017）『アクティブラーニングを成功させる学級づくり―「自ら学ぶ力」を着実に高める学習環境づくりとは』誠信書房

Lewis, T., Rice, M., & Rice Jr, R.（2011）. Superintendents' Beliefs and Behaviors regarding Instructional Leadership Standards Reform. *International Journal of Educational Leadership Preparation*, 6（1）, 1-13.

露口健司（2008）『学校組織のリーダーシップ』大学教育出版

露口健司（2001）「教育長のリーダーシップが校長及び学校組織に及ぼす影響について」『日本教育行政学会年報』27、pp.112-125

Wells, C.M., Maxfield, C.R. Klocko, B., Feun, L.（2010）. The Role of Superintendents in Supporting Teacher Leadership: A Study of Principals' Perceptions. *Journal of School Leadership*, 20, 669-693.

（生田淳一）

第4章 | 子供の学力と幸福度を高める分散型リーダーシップ

1. はじめに

　本章では、分散型リーダーシップ（Distributed Leadership）と子供の学力及び幸福度との関係を、小学校区と自治体のマルチレベルデータを用いて解明する。

　日本では、2016（平成28）年度公布の「教育公務員特例法等の一部を改正する法律」を受けて、校長及び教員の資質向上に関する指標とそれを踏まえた教員研修計画の策定が各都道府県等において進展している（大杉2019）。当該指標には、各都道府県等の特性に応じた理想の教育リーダー像（学校管理職等）が示されている。ただし、指標に示されているのは、教育リーダーの「資質能力基準」であり、教育リーダーの「使命」については多くの都道府県等において提示されていない。何を為すために（達成するために）それらの資質能力を習得するのかが明確にされないまま、人材育成が進められていると言える。

　一方で、教育リーダーの使命を指標と併せて明記している国家もある。例えば、米国においては、2015年にNPBEA（National Policy Board for Educational Administration）が10の教育リーダーの専門職基準を提唱している。各基準を記述する中において、子供たちの「学力向上（academic success）と幸福（well-being）」という2つの価値が明記されている。米国の教育リーダーは子供たちの学力向上と幸福の実現のために存在するのであり、そのために専門職としての資質能力基準を満たす必要があることを明記している。教育リーダーの使命として学力向上と幸福を掲げることができるのは、教育リーダーのリーダーシップが子供の学力向上及び幸福に対して影響を及ぼしているとする科学的根拠が蓄積されているためであると考えられる。

学力向上の決定要因の解明については、日本においても、授業論や組織論の視点からの研究が進展している[i]。例えば、教授―学習方法（前馬2016；須藤2007；山田2004；若槻・知念2019等）、専門職の学習共同体や授業研究（露口2012）、子供を取り巻く人々の信頼関係（露口2015；若槻・伊佐2016）等の視点から主に計量分析の方法によって検討されている。また、近年では、パネルデータ活用による中長期視点での学力変動（学力格差の固定化や学力決定要因の変動等）を検証する研究が注目されている（松岡2019；中西2017；志水・高田2016；若槻・知念2019）。

　一方、子供の幸福度の決定要因の解明についても研究が進展している（国立教育政策研究所2017）。例えば、子供の幸福度をQOL（Quality of Life）の視点から測定した研究では、喘息・アトピー・肥満等の状態が子供のQOLを低下させることが明らかにされている（古荘・柴田・根本・松嵜2014）。また、世帯年収が子供のQOLにネガティブな影響を及ぼすとする実態も明らかにされている（敷島・山下・赤林2012）。さらに、主観的幸福感（Subjective Well-being）の視点から測定した研究では、子供の学習意欲と子供を取り巻くソーシャル・キャピタル（社会関係資本）が、子供の学校における幸福度を規定しているとする研究が報告されている（露口2017）。

　このように、日本では、子供の学力と幸福度の決定要因についての探究が進められつつある。しかしながら、教育リーダーのリーダーシップと子供の学力・幸福度との関連性が解明されているとは言い難い。リーダーシップと学力・幸福度との関連性が、科学的根拠をもったデータによって実証されなければ、教育リーダーの使命として、学力と幸福度を掲げることは困難であろう。子供の学力と幸福度の向上に対して、教育リーダーが影響を及ぼしている実態が明確化されることで、学力と幸福が教育リーダーの使命として認知されるようになると考えられる。

　日本において教育リーダーのリーダーシップと学力・幸福度の関連性が検討されてこなかった理由として、以下の2点を指摘することができる。

　第1は、データ収集の困難さである。日本における教育リーダーを対象とするリーダーシップ研究は、その大半が教師の職務態度の変容を説明す

るにとどまっており、その先にある子供の変容にまで、影響力の検証作業が及んでいない（小島・淵上・露口2010；露口2008、2018b）。教育リーダーのリーダーシップ測定を伴う調査を実施することの困難さに加えて、子供の学力データや幸福度を示すデータの入手が極めて困難な状況が長らく続いてきた。しかし、日本においても、学力データの活用（研究データとしての公開）や幸福度の可視化に向けた動きが出現している。学力・幸福度についてのデータ収集への道が少しずつではあるが拓かれつつある。

　第2は、教育リーダー個人のリーダーシップが子供の学力・幸福度に対して影響を及ぼすという因果推論への懐疑である。教育リーダー（例えば、学校管理職）の在校年数が短い日本では、リーダーシップが学力・幸福度に影響を及ぼすというイメージが描きにくい。TALIS（Teacher and Learning International Survey）2018では、日本の中学校校長の在校年数が47カ国中46位の2.7年である実態が明らかにされている（国立教育政策研究所2019）。しかしながら、校区における多様なリーダーシップ主体の影響力の総量に着目する分散型リーダーシップ論（後述）の視点を取り入れることで、短期在校年数の問題も回避可能である。教育リーダーは、自らはもちろんのこと、校区の多様なリーダーシップ主体に働きかけ、周囲にリーダーシップを分散する。パワーと影響力を分散化することで、リーダー個人ではなくリーダーらの集団の力で子供の学力及び幸福度を高める。分散型リーダーシップ論は、日本の教育文脈を踏まえた、教育関係者にとって納得度の高いリーダーシップ効果の説明モデルである。

2. 先行研究の検討と研究課題の設定

1）分散型リーダーシップ論

　近年、リーダーシップを組織現象と捉え、リーダーシップの分散化に着目する「分散型リーダーシップ」[ii]の理論を基盤とする研究が進展している（日本では、篠原2007；露口2010、2018a、2018b 等を参照）。この理論では、教育効果を高めるためには、組織のトップ個人のリーダーシップに依存するのではなく、組織におけるミドルリーダーを含むより多くのメンバーがリーダーシップを発揮することが重要であるとの立場をとる。また、

組織におけるリーダーシップの集約化された総量とメンバー間での相互作用の質が組織的成果を決定するとの立場をとる（いわゆる「総量モデル」）。中大規模サンプルを用いた計量的アプローチと親和的である。

　分散型リーダーシップ論の総量モデルは、さらに（Ⅰ）教員リーダーシップ（Teacher Leadership）、（Ⅱ）統合型リーダーシップ（Integrated Leadership）、（Ⅲ）共有型リーダーシップ（Shared Leadership）、（Ⅳ）協働型リーダーシップ（Collective/Collaborative Leadership）に区分することができる。これらⅠ〜Ⅳの違いを説明するために、分散型リーダーシップのモデル間の関連図を示す（**図1**）。本図の下敷きとなっているのは、校長のリーダーシップから学力向上に至る過程を説明する「先行要因＋媒介影響モデル」（Hallinger, Bickman & Davis1996）である。

　教員リーダーシップ（Harris2013；York-Barr & Duke2004）は、副校長、部門長、カリキュラムリーダー、メンター等の公式ポストにある教職員に対する、校長からのパワーと影響力の「分散化」とそれによって生じる効果に着目する。ミドルリーダーへのリーダーシップの分散化による影響過程の記述が主たるテーマである。日本の場合は、教頭・教務主任・生徒指導主事・学年主任のリーダーシップを扱う研究が、教員リーダーシップのカテゴリーに含まれる。

　統合型リーダーシップ（Dumay, Boonen & Van Damme2013; Leithwood & Jantzi1999；Marks & Printy2003；Printy, Marks & Bowers2009；Sebastian, Huang & Allensworth2017；Supovitz, Sirinides & May2010）は、校長のリーダーシップと教員に分散化されたリーダーシップとの統合的影響力に着目する。分散元の校長と分散先の教員との相互作用の中でパワーと影響力の「統合化」が生じ、この現象が教育効果を生成する。ただし、Leithwood and Jantzi（1999）や Marks and Printy（2003）では、校長がリーダーシップを発揮できていない学校では教員リーダーシップも発揮できていない現象を明らかにし、校長と教員のリーダーシップの連動性と統合化による教育効果の増幅性を指摘している。また、露口（2008）においても、校長・教頭・教務主任・研究主任のリーダーシップは連鎖関係にあり、また、校長がリーダーシップを発揮できていない場合に、教頭・教務

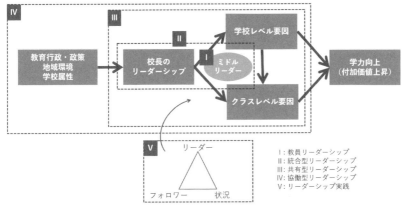

図1　分散型リーダーシップ論の構図

主任・研究主任のリーダーシップも効果が脆弱化する実態を明らかにしている。

　共有型リーダーシップ（Bredeson2013；Louis, Dretzke & Wahlstorm 2010；Louis, Dretzke & Washlstorm2010；Printy & Marks2006；Wahlstrom & Louis2008）は、学校における組織メンバー間のネットワークと意思決定の「共有化」に着目する。組織メンバー間の相互作用を通して生成されるネットワークを組織資本として見なすとともに、その組織資本に組織メンバーが参加し、意思決定を共有化することで、個々のパワーと影響力が増幅するとの仮定に立っている（Louis et al. 2010）。教員リーダーシップや統合型リーダーシップのように公式的職位に関心をもたず、リーダーシップ主体を児童生徒・保護者・地域住民等にも拡張する点に特徴がある。

　協働型リーダーシップ（Hallinger & Heck2010a, 2010b；Haldford & Leithwood2019; Leithwood & Mascall2008；Leithwood, Sun & McCullough2019）は、リーダーシップを個人の行動ではなく、学校組織あるいは学区構成メンバーの集団活動として捉える点に特徴がある。リーダーシップ主体を学校・家庭・地域・行政にまで拡張する点に特徴がある。多様なリーダーシップ各主体に「分散化」したパワーと影響力を「統合化」「共有化」することで、教育効果を高めるための「協働化」を促進す

ることに主眼を置いたアプローチである。

　分散型リーダーシップ論では、上記の４種類の「総量モデル」とともに、「実践モデル」と呼べる研究群がある。「実践モデル」に含まれる研究として　は、　例えば Spillane, Halverson and Diamond（2004）や Spillane（2006）が有名であるが、これらの研究はリーダーシップ実践、すなわち、リーダーシップとは地位に付随して与えられる役割ではなく、リーダー・フォロワー・状況の相互作用の構成物として捉える理論モデルに依拠している。このモデルは、日常レベルで生起する「（Ｖ）リーダーシップ実践」現象の記述的・解釈的分析と親和的である。日本では、露口（2012）や菅原（2016）において、学校組織におけるリーダーシップ実践の事例分析が報告されている。

　日本の教育政策方針では、子供の学力と幸福度の向上を「学校・家庭・地域の連携による社会総掛かり」「地域と共にある学校」として実現する意図が示されている（中央教育審議会2015）。そこで、本研究では、こうした政策方針の意図を踏まえ、学校・家庭・地域における様々な関係者をリーダーシップ主体として捉える。したがって、本研究は、分散型リーダーシップ論の中でも、リーダーシップ主体を学区レベルにまで拡張する「協働型リーダーシップ」アプローチの採用が適当と考える。

２）成果変数

　本研究における成果変数は、学区レベルの「学力向上」と「幸福度」の２点である。

　学力については、毎年度４月に実施されている全国学力・学習状況調査の学校スコアの活用が可能である。経年的に実施される学力データを活用することで、調査対象校が、学力高位を保持している学校なのか、それとも、ここ数年で学力が上昇してきた学校なのかを区分することが可能である。学力向上とは、現時点の学力水準を示すものではなく、過去からの学力水準の上方向への変動を意味する概念である。

　全国学力・学習状況調査の数年間の変動を見る場合に留意すべきは、毎年異なるコーホートを対象としている点である（項目反応理論デザインではない）。組織レベルの学力変動の評価は、対象コーホートである児童生

徒の年度ごとの特性に左右される可能性がある。こうした懸念材料が存在するが、全国学力・学習状況調査は、小学校では5年間（中学校では8年間）に及ぶ組織レベルでの学習活動の成果と捉えることも可能である。5年間（8年間）に及ぶ学習活動の結果として、毎年度のように要求水準を超えている「学力高位群」の学校がある。また、過去のコーホートでは低水準であったが、最近のコーホートは要求水準を超えるようになった「学力向上群」の学校もある。本研究では、特に学力向上群となる原因について、学力高位群との対比を通して、解明作業を進めたい。参照点をもたない、従来の一時点の学力水準を対象とする調査研究とは異なる結果が得られる可能性がある[iii]。

　幸福度については、QOL（Quality of Life）の視点からこれを捉える。子供のQOLは、身体的健康（Physical Well-being）、精神的健康（Emotional Well-being）、自尊感情（Self-esteem）、家族（Family）、友達（Friends）、学校生活（School）の6次元から測定することができる（古荘他2014）。幸福度については、学力とは異なり、大半の自治体・学区において参照可能な過去の客観的データが存在しない。学校レベルの学力については、数値で示されているため、誰が回答しても、同じ情報が得られる。しかし、幸福度については、主観的評価の要素が強いため、回答者によるバイアスの余地が大きい。健康診断、出席率、問題行動出現率等の客観的データを統合化して幸福度指標を作成する方法もあるが、過去数年分の回答を求めた場合に、回答者に対する負担が大きく、実現は困難である。そこで、幸福度については、過去から変動ではなく、現時点での幸福度を分析対象とする。

3）組織文脈変数

　分散型リーダーシップと学力・幸福度の関係を分析する上で、交絡要因のコントロールは必要不可欠である。本研究では、過去の先行研究の成果を踏まえ、学力・幸福度に対して直接影響を及ぼすと考えられる2つの組織文脈変数、すなわち、専門職の学習共同体（Professional Learning Community[iv]；以下PLC）と教師効力感（Teacher Efficacy）を設定する。前者は図1の学校レベル要因、後者はクラスレベル要因に相当する。以下、

PLCと教師効力感の効果を対象とした研究を検討する。これらの組織文脈変数の効果として、子供の学力水準を対象としたものはあるが、幸福を対象とした研究は、確認できなかった。

　PLCとは、教員間の相互作用の頻度が高く、教員の行為が共有化された教授・学習の実践と改善に焦点化された規範によって統治されている学校を説明する概念である（Bryk, Camburn & Louis1999）。PLCの構成次元として、Louis, Marks and Kruse（1996）は、規範と価値の共有、児童生徒の学習への焦点化、協働、実践の公開、省察的対話の5次元を因子分析によって析出している。PLCが醸成されている学校では、同僚間で教育的使命や授業—学習に関するビジョンを共有し、児童生徒の学力及び学習活動への焦点化を図り、同僚相互の授業公開と省察的対話を継続することで児童生徒実態・文脈・改善方法等についての知識をともに構築し、共有化することができる。

　Supovitz et al.（2010）は、PLCの要素を内包している学校組織、すなわち、同僚との授業についての対話、同僚との相互授業観察、相互支援が習慣化されている学校では、教員の指導実践の変革に向かう態度が高いとする調査結果を報告している。また、Lee and Smith（1996）やLouis and Marks（1998）では、PLCによる児童生徒の学力へのポジティブな影響力を明らかにしている。

　教師効力感とは、学級における教師の達成可能性についての信念の程度であり、指導戦略についての効力感（Instructional Strategies）、学級経営についての効力感（Classroom Management）、生徒を学習に没頭させることについての効力感（Student Engagement）の3次元から構成される（Tschannen-Moran & Hoy2001）。指導戦略についての効力感とは、授業計画、授業実践、生徒評価等に関する自信の程度を示す。学級経営についての効力感とは、学級における生徒の逸脱行動への対応、スムーズな授業運営等に関する自信の程度を示す。生徒を学習に没頭させることについての効力感とは、生徒の学習意欲と没頭感の促進及び生徒の成長支援等に関する自信の程度を示す。

　教師効力感は、教師の職務コミットメント、生徒の学力・意欲を高める

ことが判明しており、特に動機水準が低い困難な生徒の指導において効果を発揮することが明らかにされている（Ross & Gray2006；Tschannen-Moran & Hoy2001）。ただし、Kim and Seo（2018）のメタ分析では、教師効力感と生徒の学力成長の間には有意な関係があるが、効果量は小さいとする結果が得られている。また、11年目未満の教員は、教師効力感と学力成長の間に有意な関係が認められていないことも明らかにされている。

4）自治体レベル変数としての教育長のリーダーシップ

　校区レベルでの子供の学力・幸福度は、その校区が所在する自治体の影響を受けることが予測される。そこで、本研究では、校区レベル変数に加え、自治体レベル変数による影響についても分析モデルに含める。自治体レベル変数としては、特に、フォロワーの主体性やエンパワーメントに焦点を当てたリーダーシップ論として近年注目されているのがサーバント・リーダーシップ（Servant Leadership）論である。サーバント・リーダーシップとは、簡単にいえば、フォロワーや顧客の成功や幸福のために奉仕・貢献することを第一に考え行動することである。サーバント・リーダーシップの特性については、この理論の先導者であるグリーンリーフ（Greenleaf, R）の主張を整理したSpears（2010）によって、10属性にまとめられている。サーバント・リーダーシップは、1970年代以降、主としてリーダー哲学や思想論の領域で概念研究が進展してきた。実証的な研究が展開されはじめたのは、ここ数年の間である。例えば、Barbuto and Wheeler（2006）では、SLQI（the Servant Leadership Questionnaire Items）を開発し、サーバント・リーダーシップの5次元を析出している。その5次元とは、自分の利益よりも常に部下の利益を優先して行動する「愛他的使命」、自分の情緒的環境をリーダーが整え、また、情緒問題の解決をリーダーに期待できる「情緒的安定」、現状を正確に理解し、未来を見通す「賢明さ」、部下の進むべき方向性を示し、行動選択を説得する「説得的図解」、組織が共同体として機能し、社会貢献に邁進すべきことを説く「組織的貢献の美徳」である。これら5次元は確証的因子分析によっても適合度の高さが検証されている。

Hock, Bommer, Dulebohn and Wu（2018）のメタ分析では、サーバン

ト・リーダーシップは、職務満足、組織市民行動、組織コミットメント、管理職への信頼等に正の影響を及ぼすことが確認されている。また、露口（2012）の校長のサーバント・リーダーシップを対象とした研究では、PLC の醸成が教師個々の授業改善に結びつくかどうかは、校長のサーバント・リーダーシップによるところが大きいことを検証している。ただし、教育長を対象としたサーバント・リーダーシップの事例研究（Alston2005）は報告されているが、計量分析については確認できなかった。

5）社会経済的地位要因

　交絡要因のコントロールにおいて社会経済的地位（SocioEconomic Status；以下 SES）要因を欠くことはできない。自治体レベルの SES 変数としては、世帯所得、大卒比率、財政力指数、失業率、高齢化率、刑法犯認知件数、持ち家率、共働き率等の多様な階層データが、公刊統計データから算出可能である。一方、校区レベル変数は公刊統計データが希少であるため、SES 要因の設定等が困難である（埴淵・市田・平井・近藤2008）。個人レベルのデータを校区レベルに集約化する方法もあるが、大規模サンプルが必要となることや、所得や学歴は無回答率が高くデータに歪みが生じる可能性がある等の限界を抱えている（若槻・知念2019）。

　そこで、校区レベルの SES 要因の測定においては、就学援助比率データの収集が適当であると考えられる。全国学力・学習状況調査の質問項目に含まれているため、学校側も回答準備ができており、負担感も少ないと推察される。

6）研究課題

　以上の先行研究の検討と分析モデル構築の作業を踏まえて、本研究では、以下の研究課題を設定する。すなわち、分散型リーダーシップ（校区レベルでの多様なリーダーシップ主体による影響力の総量）は、校区レベルでの組織文脈変数及び SES 要因、自治体レベルでの教育長のリーダーシップ変数及び SES 要因の影響をコントロールした上で、子供の学力と幸福度に対してどのような影響を及ぼすであろうか。

3．方法

1）調査手続き

　分析には、「市区町村において子供の学力と学校幸福度を高める要因についての調査」の校長調査データを用いた。当該調査は2018年7月5日から9月20日にかけて、郵送法の質問紙調査により実施した。調査対象は、地域的バランスを考慮して全国から抽出した95市区町村のうち、教育長の承諾を得た55市区町村の公立小中学校長である。校長調査については、原則として各市区町村の全ての公立小中学校長に依頼した。ただし、1市では無作為抽出、2市では有意抽出を行うことを条件に調査協力を得たため、一部の校長に依頼した。また、校長調査については、配布数2,459票に対して回収数は1,157票であり、回収率は47.1%である。回答者の属性は、性別（男性85.1%、女性14.2%）、年齢（平均57.03、標準偏差2.41）、校長経験年数（平均3.78、標準偏差2.65）、在校年数（平均2.06、標準偏差1.94）である。また、勤務校属性は、勤務校種（小学校66.0%、中学校34.0%）、児童生徒数（平均397.59、標準偏差237.90）、全学級数（平均15.81、標準偏差19.11）である。

　なお、当該調査は、国立教育政策研究所研究倫理審査委員会の承諾を得ている（2018年6月29日）。

2）測定項目

①被説明変数

　子供の学力：各学校の学力水準については、校長用質問紙によって、平成28年度と平成30年度の学力スコア変動、平成29年度と平成30年度の学力スコア変動について質問した。選択肢は、「1．高位水準（全国の平均正答率よりも約5ポイント以上）を維持している」、「2．全国平均以上を維持している」、「3．全国平均以下から、高位水準に上昇」、「4．全国平均以下から、全国平均以上に上昇」、「5．ほぼ全国平均と同値を維持」、「6．全国平均以上から、低位水準（全国平均正答率よりも約5ポイント以下）に下降」、「7．全国平均以上から、全国平均以下に下降」、「8．全国平均以下を維持している」、「9．低位水準（全国の平均正答率よりも約5ポイ

ント以下）を維持している」までの９つである。

　学力高位維持と学力向上とを区分するため、本研究では以下の操作を実
施する。28−30年度、29−30年度ともに「１」または「２」と回答した学
校、すなわち学力水準高位を維持している学校を「学力高位」群とする。
有効回答の33.7％がこのグループに含まれている。また、28−30年度、29
−30年度のいずれかに、「３」または「４」を経験し、なおかつ「６」
「７」の下降を経験していない学校、すなわち、学力向上傾向にある学校
を「学力向上」群とする。有効回答の12.1％がこのグループに含まれてい
る。

　子供の学校幸福度：本研究では、子供の幸福度のうち、学校での幸福度
に焦点化した上で、QOL の視点（古荘他2014）からこれを測定する。
QOL 理論と測定方法を参考に、校長用質問紙において、学校での子供の
学校幸福度尺度（６項目簡易版）を作成した。児童生徒を取り巻く環境の
安心・安全、児童生徒の身体的健康、児童生徒の精神的健康、児童生徒の
自尊感情、児童生徒の不登校、児童生徒の友達関係について、大きな課題
となっている場合は「１」を、やや課題となっている場合は「２」を、課
題となっていない場合は「３」を選択してもらった。これら６項目におい
て、子供たちの学校での幸福を脅かす課題に直面する「１」が選択されて
いない学校を、子供が幸福な学校と仮定する。有効回答の56.6％がこのグ
ループに含まれる。

②**説明変数―校区レベル変数―**

　分散型リーダーシップ：本研究では、校区レベルを対象とする分散型
リーダーシップ論（協働型リーダーシップ・アプローチ；Hallinger &
Heck2010a, 2010b；Haldford & Leithwood2019；Leithwood & Mascall
2008, Leithwood, Sun & McCullough2019）を活用する。リーダーシップ
の分散化の対象としては、従来のリーダーシップ研究とは異なり、学校管
理職だけでなく、主幹教諭、指導教諭、主任層教員、学級担任・教科担当
教員、学校事務職員、スクールカウンセラー、スクールソーシャルワー
カー、支援員、PTA、各家庭、学校運営協議会のメンバー、児童クラブ
（学童）のスタッフ、放課後子供教室のスタッフ、学習塾、地域の学校教

育・社会教育関係団体を校区におけるリーダーシップの主体として位置付ける。

　分散型リーダーシップの理論では、リーダーシップ主体間でのビジョン・目標の共有化が重視される。ビジョン・目標の共有を欠く状況とは、「分散」状態ではなく、「離散」状態であるといえる。本研究では、リーダーシップの目標を子供の学力と学校幸福度の向上に設定し、学力と学校幸福度の向上に対する各リーダーシップ主体の影響力の程度について、校長に回答を求めた。「校長の目から見て、以下に示す方々は、児童生徒の学力向上に対して、どの程度影響力を発揮していると考えられますか。」、「校長の目から見て、以下に示す方々は、児童生徒の学校幸福度（学校において安心・安全な環境で楽しく過ごし、学習に没頭している様子）を高めるために、どの程度影響力を発揮していると考えられますか。」と質問し、「かなり発揮している（5）」、「やや発揮している（4）」、「どちらともいえない（3）」、「余り発揮していない（2）」、「全く発揮していない（1）」の5件法尺度での回答を求めた。学校管理職をはじめとする16のリーダーシップ主体の校区における学力向上と幸福度向上における影響力行使状況の平均値を算出し、それぞれ、「分散型リーダーシップ（学力）」「分散型リーダーシップ（幸福）」と命名した（各主体の影響力評価の得点については**資料1**参照）。こうした測定方法は、Hallinger & Heck（2010a, 2010b）、Leithwood and Mascall（2008）を参考として開発された。分散型リーダーシップ（学力）（負荷量平方和37.28％、成分行列係数 .236〜.693、α 係数 =.881）、分散型リーダーシップ（幸福）（負荷量平方和52.38％、成分行列係数 .216〜.912、α 係数 =.928）ともに、一定の信頼性と妥当性が確認されている。

　PLC：露口（2016）のPLC尺度を参考として18項目を設定し、「非常にあてはまる（4）」、「やや当てはまる（3）」、「余りあてはまらない（2）」、「全く当てはまらない（1）」の4件法での回答を校長に対して求めた。因子分析（主因子法・プロマックス回転、以下同様）の結果、露口（2016）と同じく「同僚性」「使命と責任の共有」「公開省察規範」の3因子が抽出された（**資料2**）。ただし、因子間相関係数の値が高く多重共線性問題の

懸念があるため、18項目を一つの PLC 変数とする操作を行った（主成分分析・プロマックス回転、負荷量平方和41.96%、成分行列係数.508～.725、α 係数 =.917）。

教師効力感：露口（2016）を参考として、22項目の教師効力感尺度を設定し、PLC 尺度と同じ4件法での回答を校長に対して求めた。因子分析の結果、Tschanenn-Moran and Hoy（2001）の教師効力感の3要素、すなわち、授業デザインや評価方法の設定に関する「指導戦略」、生徒の授業への没頭感を高める「生徒の没頭」、学習集団づくりに関する「学級経営」が抽出された（**資料3**）。ただし、因子間相関係数の値が高く多重共線性問題の懸念があるため、22項目を一つの変数とする操作を行った（主成分分析・プロマックス回転、負荷量平方和43.45%、成分行列係数.449～.736、α 係数 =.936）。

統制変数：統制変数として、学校規模（特別支援学級を含む全校学級数）の他、学校段階ダミー（小学校＝1、中学校＝0）、コミュニティ・スクール設置ダミー（設置＝1、未設置＝0）、地域学校協働本部または学校支援地域本部等の本部設置ダミー（設置＝1、未設置＝0）、地域学校協働活動推進員等のコーディネーター配置ダミー（配置＝1、未配置＝0）、就学援助比率5%未満（該当＝1、非該当＝0）、就学援助比率30%以上（該当＝1、非該当＝0）[v] の6つのダミー変数を設定した。

③説明変数—自治体レベル変数—

教育長のサーバント・リーダーシップ：Barbuto and Wheeler（2006）の5次元理論（愛他的使命、情緒的安定、賢明さ、説得的図解、組織的貢献の美徳）を参考として、34項目からなる教育長のサーバント・リーダーシップ尺度を構成し、校長に対して回答を求めた。尺度は、「かなりそう思う（5）」、「ややそう思う（4）」、「どちらとも言えない（3）」、「余りそう思わない（2）」、「全くそう思わない（1）」の5件法である。因子分析の結果、3因子が抽出された（**資料4**参照）。第1因子は、子供や地域のことを第一に考え、また、地域の人々との対話を通して願いを理解し、困難を抱える家庭への支援を重視する等の献身的な働きを示す等の項目から構成されている。これを「愛他的使命」と命名した。第2因子は、学

校・校長との対話・傾聴重視の姿勢や学校との信頼関係醸成に努めようとする「情緒的安定」と命名した。第3因子は、客観的なデータによる現状把握や可視化された教育ビジョンの構築と浸透によって人々を動機づけて動かそうとする項目から構成されている。これを「説得的図解」と命名した。ただし、因子間相関係数の値が高く、分析において多重共線性問題の懸念があるため、34項目を一つの変数とする操作を行った（主成分分析・プロマックス回転、負荷量平方和64.05%、成分行列係数 .516～.872、α係数 =.983）。

　統制変数：自治体レベル統制変数として、所得（納税義務者一人当たりの課税対象所得2016のZスコア）、失業率（2015年度）、持ち家比率（2015年度）を設定した[vi]。

④分析戦略

　研究課題の検討にあたっては、被説明変数が二値変数（学力高位群ダミー・学力向上群ダミー・学校幸福度ダミー）であり、また、説明変数が学区レベルと自治体レベルの2層から構成されているデータセットに対応した分析方法が必要となる。こうしたデータセットに適した分析方法として、一般化線形混合モデル（Generalized linear mixed model）がある（久保拓弥2018）。いわゆる、ロジスティック・マルチレベル分析である。モデル説明変数を投入しない *Model 0*、学区レベル変数を投入した *Model 1*、学区レベル変数と自治体レベル変数を投入した *Model 2* を、学力高位・学力向上・学校幸福度ごとに構築した。データ分析において、記述統計・相関分析は、IBM SPSS Base System ver.21.0を、マルチレベル分析はIBM SPSS Advanced Statistics ver.21.0をそれぞれ使用した。

4. 分析結果

1）記述統計量と相関マトリクス

表1　記述統計量

変数	M	SD	最小値	最大値	N
1. 学力高位	.34	.47	.00	1.00	1075

2．学力向上	.12	.33	.00	1.00	1075
3．学校幸福度	.57	.50	.00	1.00	1150
4．学校段階ダミー	.66	.47	.00	1.00	1146
5．学校規模	15.14	7.04	1.00	42.00	1141
6．CS 設置ダミー	.18	.38	.00	1.00	1127
7．本部設置ダミー	.14	.35	.00	1.00	1156
8．コーディネーター配置ダミー	.39	.49	.00	1.00	1156
9．就学援助比率 5 % 未満	.12	.33	.00	1.00	1090
10．就学援助比率30% 以上	.08	.28	.00	1.00	1090
11．PLC	3.22	.38	2.00	4.00	1156
12．教師効力感	2.99	.35	1.77	4.00	1156
13．分散型リーダーシップ（学力）	3.70	.48	1.53	5.00	1150
14．分散型リーダーシップ（幸福）	3.99	.48	1.44	5.00	1150
15．教育長のサーバント・リーダーシップ	3.89	.74	1.00	5.00	1151
16．所得	.00	1.00	-2.07	3.74	1110
17．失業率	4.44	.77	2.72	6.72	1110
18．持ち家比率	.73	.14	.40	.96	1110

　本研究で使用する18変数の記述統計は**表 1**に示す通りである。また、学区レベル変数と自治体レベル変数ごとの相関マトリクスは、**資料 5 及び資料 6** に示す通りである。

2）学力と学校幸福度に対する分散型リーダーシップの影響

　第 1 に、学力高位維持に対する分散型リーダーシップ（学力）の影響について検討する（**表 2** 参照）。ロジスティック・マルチレベル分析を実施した結果（*Model 2*）、分散型リーダーシップ（学力）は、学力高位に対して影響を及ぼしていなかった（*B*=.20、*p*=*n.s.*）。学力高位維持の状態は、中学校（B=-.57、$p < .01$）、学校規模（B=.04、$p < .01$）、就学援助比率 5 % 未満（B=.90、$p < .01$）、就学援助率30% 以上（B=-1.49、$p < .01$）、自治体レベルの平均所得（B=.48、$p < .01$）によって説明されている。就学援助比率 5 % 未満の校区では、学力高位群に入る確率が2.46倍となり、また、就学援助比率30% 以上の校区では、学力高位群に入る確率が0.23倍になる等、学力高位の維持は、SES 要因によって強く説明されることが判明している。

　また、*Model 0* を見ると、自治体変動項の分散が.71（$p < .01$）となっており、これは、学力高位群の出現率が自治体ごとに異なり、学力高位群

表2 学力高位を被説明変数とするロジスティック・マルチレベル分析

	Model 0		Model 1		Model 2	
	B (SE)	Exp (B)	B (SE)	Exp (B)	B (SE)	Exp (B)
定数項	-.80** (.15)	–	-1.74* (.70)	–	-2.53 (2.04)	–
学区レベル変数						
学校段階ダミー (小学校＝1、中学校＝0)			-.58** (.16)	.56	-.57** (.16)	.56
学校規模			.04** (.01)	1.05	.04** (.01)	1.04
CS 設置ダミー (設置＝1、未設置＝0)			-.27 (.27)	.77	-.33 (.27)	.72
本部設置ダミー (設置＝1、未設置＝0)			.26 (.27)	1.30	.14 (.27)	1.15
コーディネーター配置ダミー (配置＝1、未配置＝0)			-.25 (.20)	.78	-.35 (.21)	.71
就学援助比率5％未満 (該当＝1、非該当＝0)			.88** (.23)	2.42	.90** (.24)	2.46
就学援助比率30%以上 (該当＝1、非該当＝0)			-1.43** (.38)	.24	-1.49** (.39)	.23
PLC			-.02 (.04)	.98	-.01 (.29)	.99
教師効力感			.02 (.03)	1.05	.07 (.30)	1.07
分散型リーダーシップ (学力)			.17 (.18)	1.19	.20 (.18)	1.23
自治体レベル変数						
教育長のサーバント・リーダーシップ					.13 (.38)	1.14
所得					.48** (.15)	1.62
失業率					.05 (.20)	1.06

				.05	1.05
持ち家比率				(1.08)	
自治体変動項の分散					
推定値	.71**		.70**		.67**
適合度					
-2LL	4590		4306		4329
AIC	4592		4308		4331

Notes. **$p < .01$、*$p < .05$、学区レベル n=1157、自治体レベル n=55、B= 非標準化偏回帰係数、SE= 標準誤差、Exp（B）= オッズ比

表3　学力向上を被説明変数とするロジスティック・マルチレベル分析

	Model 0		Model 1		Model 2	
	B (SE)	Exp (B)	B (SE)	Exp (B)	B (SE)	Exp (B)
定数項	-1.97** (.12)	–	-4.85** (1.19)	–	-5.30** (2.00)	–
学校レベル変数						
学校段階ダミー（小学校＝1、中学校＝0）			.22 (.24)	1.24	.20 (.24)	1.22
学校規模			-.07** (.02)	.93	-.06** (.02)	.94
CS 設置ダミー（設置＝1、未設置＝0）			.21 (.29)	1.23	.26 (.30)	1.30
本部設置ダミー（設置＝1、未設置＝0）			.57 (.31)	1.77	.73* (.32)	2.08
コーディネーター配置ダミー（配置＝1、未配置＝0）			.20 (.24)	1.22	.26 (.25)	1.30
就学援助比率5％未満（該当＝1、非該当＝0）			.13 (.31)	1.13	.13 (.32)	1.14
就学援助比率30%以上（該当＝1、非該当＝0）			.16 (.37)	1.17	.23 (.38)	1.26
PLC			.69 (.39)	1.99	.07 (.40)	2.08
教師効力感			-.43 (.39)	.65	-.49 (.40)	.62

	B (SE)	Exp (B)	B (SE)	Exp (B)	B (SE)	Exp (B)
分散型リーダーシップ (学力)			.64* (.25)	1.89	.59* (.26)	1.80
自治体レベル変数						
教育長のサーバント・リーダーシップ					-.01 (.09)	.91
所得					-.26 (.14)	.75
失業率					-.04 (.17)	1.02
持ち家比率					.68 (1.03)	2.66
自治体変動項の分散						
推定値	.21		.19		.17	
適合度						
-2LL	5215		4957		4991	
AIC	5217		4959		4993	

Notes. **p < .01、*p < .05、学区レベル *n*=1157、自治体レベル *n*=55、B= 非標準化偏回帰係数、SE= 標準誤差、Exp（B）＝ オッズ比

表4 学校幸福度を被説明変数とするロジスティック・マルチレベル分析

	Model 0		Model 1		Model 2	
	B (SE)	Exp (B)	B (SE)	Exp (B)	B (SE)	Exp (B)
定数項	.34** (.09)	−	1.14 (.79)	−	1.61 (1.37)	−
学校レベル変数						
学校段階ダミー （小学校 = 1 、中学校 = 0）			.69** (.15)	1.99	.68** (.15)	1.98
学校規模			-.04** (.01)	.96	-.03** (.01)	.97
CS 設置ダミー （設置 = 1 、未設置 = 0）			.14 (.21)	1.15	.18 (.21)	1.20
本部設置ダミー （設置 = 1 、未設置 = 0）			.41 (.22)	1.51	.54* (.23)	1.72

	Model 1 B (SE)	Model 1 Exp(B)	Model 2 B (SE)	Model 2 Exp(B)	Model 3 B (SE)	Model 3 Exp(B)
コーディネーター配置ダミー （配置＝1、未配置＝0）			.06 (.16)	1.06	.13 (.17)	1.14
就学援助比率5％未満 （該当＝1、非該当＝0）			.66** (.23)	1.93	.66** (.23)	1.94
就学援助比率30%以上 （該当＝1、非該当＝0）			-.51* (.25)	.60	-.44 (.25)	.65
PLC			-.29 (.25)	.75	-.29 (.25)	.75
教師効力感			.33 (.26)	1.39	.30 (.26)	1.35
分散型リーダーシップ （幸福）			-.22 (.15)	.80	-.25 (.16)	.78
自治体レベル変数						
教育長のサーバント・リーダーシップ					-.08 (.22)	.93
所得					-.27** (.10)	.76
失業率					-.09 (.13)	.91
持ち家比率					.38 (.66)	1.46
自治体変動項の分散						
推定値	.17*		.13		.11	
適合度						
-2LL	4717		4374		4391	
AIC	4719		4376		4393	

Notes. **$p < .01$, *$p < .05$、学区レベル n=1157、自治体レベル n=55、B＝非標準化偏回帰係数、SE＝標準誤差、Exp（B）＝オッズ比

の出現率の自治体間格差が存在することを意味する。すなわち、学力高位群が特定自治体に偏在しているのである。Model 1（分散推定値 .70、$p < .01$）及び Model 2（分散推定値 .67、$p < .01$）において分散推定値がそれほど低下していないため、特定自治体への偏在理由は、本研究において設定した校区レベル及び自治体レベル変数では十分に説明できていない。

第2に、学力向上に対する分散型リーダーシップ（学力）の影響について確認する。**表3**の分析結果（*Model 2*）を見ると、分散型リーダーシップ（学力）は学力向上に対して正の影響を及ぼしていることが示されている（B=.59、*p* < .05）。オッズ比（Exp（B））は1.80であり、分散型リーダーシップの影響力の強さが示されている。分散型リーダーシップ（学力）は5点満点での平均値が3.70であるため、これを基準とすると1標準偏差である.48を加えた4.18点の校区では、学力向上群の出現率が1.8倍に上昇する。この他、学校規模（B=-.06、*p* < .01）及び本部設置ダミー（B=.73、*p* < .05）の影響が示されているが、学力高位維持に認められた経済的要因の影響は、学力向上に対しては認められていない。また、学力向上群発生率の自治体間分散については、推定値.21（*p=n.s.*）と統計的な有意水準に到達しておらず、特定の自治体に学力向上群が偏在しているわけではない。この点についても、学力高位群との相違が認められている。

　第3に、学校幸福度に対する分散型リーダーシップ（幸福）の影響について検討する。**表4**の分析結果を見ると、分散型リーダーシップ（幸福）の影響は認められていない（B=-.25、*p=n.s.*）。子供の学校幸福度に対しては、学校段階ダミー（B=.68、*p* < .01）、学校規模（B=-.03、*p* < .01）、本部設置ダミー（B=.54、*p* < .05）の他、就学援助比率5％未満（B=.66、*p* < .01）及び所得（B=-.27、*p* < .01）が影響を及ぼしていた（*Model 2*）。つまり、学区レベルでは、小学校、小規模校、地域学校協働本部または学校支援地域本部を設置、就学援助比率5％未満の学校で、子供が幸福な状況に置かれやすいことが判明している。しかし、自治体レベル変数では、所得水準が高い自治体に所在する学校において、子供の幸福度が脅かされていると言える。

　また、*Model 0*を見ると、自治体変動項の分散が.17（*p* < .05）となっており、これは、学校幸福群の発生率が自治体ごとに異なり、学校幸福群の発生率の自治体間格差が存在することを意味する。ただし、4つの自治体レベル変数を加えた*Model 2*では、分散推定値が.13（*p=n.s.*）に低下しており、学校幸福群出現率の自治体間格差が解消している。学校幸福群は、どの自治体においても発生するものの、SES水準が高い経済的に豊

かな自治体では、学校幸福群の発生がやや低調であることが示されている。

5. 考察

　本研究では、社会総掛かりや地域と共にある学校の代理指標として分散型リーダーシップ（協働型リーダーシップ・アプローチ）を設定し、子供の学力と幸福度との関係の解明を試みた。子供の学力については、3年間の学力水準の変動に着目し、学力高位群と学力向上群を区分し、それぞれの現象発生に対する分散型リーダーシップの影響を検証した。分析モデルのデザインにおいては校区・自治体レベルの様々な変数の統制を試みた。

　実質3年間、学力高位を維持している学区の出現に対しては、分散型リーダーシップの効果は認められなかった。学力高位群の出現はSES要因によって強く規定されていた。就学援助率5％未満の校区では、3年間の学力高位維持が容易であり、就学援助率30％以上の校区では、それが相当困難となる実態が示された。しかも、学力高位維持群は、特定自治体に偏在していた。学力高位維持は、分散型リーダーシップよりも、校区や自治体の経済力によって説明されている。

　一方、3年間で学力水準が上昇傾向にある校区の出現に対しては、分散型リーダーシップが影響を及ぼしていた。学校・家庭・地域の連携による社会総掛かりの教育、地域と共にある学校づくりは、子供の学力向上に対して効果を有している。地域学校協働本部等の連携拠点がシステムとして整備されていることの効果も認められている。また、学力向上は経済的要因による影響をほとんど受けていない点も、本研究の重要な知見の一つである。既に、米国では、Goddard, Miller, Larson, Goddard, Madsen and Schroeder（2010）や Ross and Gray（2006）において、学校レベルでの分散型リーダーシップが子供の学力向上（成長）に及ぼす効果を検証している。学校レベルデータでみた場合、子供たちの学力向上は、SESによって規定されないとする本研究と同様の結果が、これらの研究において得られている。例えば、Goddard et al.（2010）は、子供の学力向上はSESよりも、分散型リーダーシップによって高まる教員のコラボレーションによって向上することが明らかにされている。また、Ross and Gray（2006）

においても、SESではなく、分散型リーダーシップによって高まるコミュニティ・パートナーシップが子供の学力向上を実現することを解明している。さらに、本研究では、学力向上が特定の自治体において発生しているのではない事実も明らかにしている。学力高位維持は、特定の自治体（経済力の高い自治体）において発生していたが、学力向上は、どの自治体においても起こりうるものなのである。

　子供の学校幸福度に対しては、分散型リーダーシップの影響が認められなかった。子供の学校での幸福状態、すなわち、学校において安心・安全な環境で楽しく過ごし、学習に没頭している様子の実現は、小学校、小規模校、地域学校協働本部または学校支援地域本部の設置、就学援助比率（5％未満）によって規定されていた。就学援助率が低い学区において子供の学校幸福度は安定するが、平均所得水準が高い自治体（都市部自治体と推測される）に所在する学校では、子供の学校幸福度が脅かされる傾向にあることが示されている。

　本研究では、学校管理職をはじめとして、主幹教諭、指導教諭、主任層教員、学級担任・教科担当教員、学校事務職員、スクールカウンセラー、スクールソーシャルワーカー、支援員、PTA、各家庭、学校運営協議会のメンバー、児童クラブ（学童）のスタッフ、放課後子供教室のスタッフ、学習塾、地域の学校教育・社会教育関係団体を校区におけるリーダーシップ主体として位置付け、これらのアクターの影響力の総量が、子供たちの学力向上に貢献している実態を描き出した。教育リーダーは、学校・家庭・地域が連携した社会総掛かりの教育体制（地域とともにある学校）を構築し、これらのアクターが学力向上という目標に向けてリーダーシップを発揮できるように動機づけ、効果的な支援を提供する必要があると言える。

　分散型リーダーシップの影響力が確認される一方で、学力向上への影響が予定されていた組織文脈変数の影響力は認められなかった。ただし、学力向上との相関分析の結果を見ると、PLC（$r=.09$、$p < .01$）及び教師効力感（$r=.06$、$p < .05$）は、統計的に有意な正の相関関係を有している（**資料5**）。分散型リーダーシップ等の変数と同時に回帰させることで、PLC及び教師効力感固有の影響力が消失している。学力向上の説明力は、

PLCや教師効力感よりも、分散型リーダーシップのほうが上位であることが分かる。

　教育長のリーダーシップについても、学力向上に対する直接的な影響力は認められなかった。この点については、猿田（2019）において、間接影響モデルの妥当性が確認されている。分散型リーダーシップ（学力）、分散型リーダーシップ（幸福）、PLC及び教師効力感の4変数に対する教育長のサーバント・リーダーシップの影響を、本研究で使用した変数で分析すると、**資料7**の結果が得られている。分析の結果、教育長のサーバント・リーダーシップは、学区レベルでの分散型リーダーシップ（学力）（B=.12、$p < .01$）、分散型リーダーシップ（幸福）（B=.13、$p < .01$）、PLC（B=.12、$p < .01$）、教師効力感（B=.11、$p < .01$）のいずれに対しても、正の影響を及ぼすとする結果が得られた。自治体レベルでの教育長のサーバント・リーダーシップが校区の分散型リーダーシップを促進し、間接的に学力向上に貢献しているとする影響過程を確認することができる。

6. 結語

　本章の目的は、分散型リーダーシップと子供の学力及び幸福度との関係を、校区と自治体のマルチレベルデータを用いて解明することであった。分析の結果、校区レベルの分散型リーダーシップは、学力向上に対して正のポジティブな影響を及ぼすことが明らかにされた。学校管理職や教職員だけでなく、家庭や地域を含めた総掛かりで学力向上に臨むことの効果の一端が示されたと言える。このほか、本研究では、以下の3点の知見・実践的示唆が得られている。

　第1は、学力高位維持と学力向上の説明変数がかなり異なる点である。学力高位維持の主たる説明変数は就学援助率や平均所得といった経済的要因であった。これに対して、学力向上の説明要因は分散型リーダーシップやそれを機能させる基盤システムとしての本部設置（地域学校協働本部・学校支援地域本部）であった。学力高位群は特定の自治体に偏在しているが、学力向上は、どの自治体でも出現することが判明した。

　第2は、子供の学校幸福度の高い校区の特徴が明らかにされた点である。

分析結果を総合化すると、校区レベルで一定の所得水準があり、地域連携が進展した小規模の小学校において学校幸福度が高い傾向が認められている。学校幸福度の測定方法の精緻化の作業が必要ではあるが、学校・校区レベルでの子供の幸福を決める要因が抽出された点は、本研究の価値と言えよう。

第3は、校区レベルの分散型リーダーシップが、教育長のサーバント・リーダーシップの影響を受けている点である。校区における分散型リーダーシップの機能化のためには、チーム学校専門スタッフ等の様々なアクターの配置・補強が必要となる。学校を支援する奉仕貢献型リーダーの姿が、校区の教育力・組織力（分散型リーダーシップ）を高め、学力向上に寄与するというパスを確認することができる。

最後に、本研究の限界と今後の課題について言及しておきたい。

第1は、本研究の分散型リーダーシップの測定方法についてである。本研究は、Leithwood and Mascall（2008）が集団的リーダーシップの測定において使用した方法を活用している。彼らは、学校の意思決定に対する、学区管理職、学校管理職、教師、スタッフチーム、保護者、生徒等の直接的な影響力についての9項目を教師に質問（6件法のリッカートスケールで測定）し、得点化している。本研究は、学力向上に対する影響力を測定するものであるが、基本構造は Leithwood and Mascall（2008）と同様である。本研究は17のリーダーシップ主体を設定しているが、各主体の影響力の重みづけができていないため、例えば、教師と放課後子供教室のスタッフの影響力が同等のものとして扱われている。分散型リーダーシップの測定方法の精緻化が今後の研究における重要なポイントとなる。

第2は、縦断データの収集と活用である。本研究は、学力変数の作成において「縦断データの視点」を取り入れているが、データの基本構造は横断データである。縦断データの視点を取り入れるだけでも、これまで見えなかった事実に気づくことができる。縦断データの生成（個人を紐付けたパネルデータ）や学力の付加価値モデルの方法による分析には、相当の労力が必要であるが、今後のリサーチデザインにおいて積極的に挑戦しなければならない。

i 日本の学力研究の動向については、川口（2019）を参照。

ii Pearce and Conger（2003：1）は、分散型リーダーシップを次のように定義している。
　　集団・組織の目標の達成に導くための集団における個人間の動態的で双方向的な影響過程。この影響過程には、多くの場合、対等または水平方向の影響が含まれ、他の場合には、上向きまたは下向きの階層的影響が含まれる。

iii 近年、学力変数には付加価値（value added）の視点が導入され、過去の参照点からの学力変動の記述が一般的となっている。標準化された学力テストスコアを対象として、①過去と比較しての変化量（加減や比率）、②過去のテストスコアデータから計算される予測値と実績値との乖離（標準化残差）、③標準化残差の算出モデルに子供の個人レベル SES 変数を投入（標準化残差シングルレベルモデル）した推計値、④標準化残差の算出モデルに子供の個人レベル SES 変数に加えて学校・学区レベル SES 変数を投入（標準化残差マルチレベルモデル）した推計値等が、目的変数として設定されている。

iv 本研究では、下位次元の構造がほぼ同様であるため、Professional Learning Community と Professional Community を同義の概念として捉えている。

v 就学援助率の有効回答分布は、「在籍していない（1.4％）」、「5％未満（11.1％）」、「5％以上～10％未満（26.2％）」、「10％以上～20％未満（33.7％）」、「20％以上～30％未満（19.3％）」、「30％以上～50％未満（7.4％）」、「50％以上（0.9％）」であった。この分布を参考に、上位約10％（5％未満）と下位約10％（30％以上）を変数化した。

vi これらの他、いくつかの自治体レベル変数のデータを収集した。しかし、所得との相関係数が非常に強いため、今回は変数として使用しなかった。例えば、高齢化率（r=.82）、刑法犯認知件数（r=.65）、財政力指数（r=.71）、大卒比率（r=.85）、5年未満居住率（r=.73）、共働き率（r=-.60）であり、いずれも1％未満有意である（n=55）。

〈参考文献〉

大杉昭英（2019）『育成指標の機能と活用』平成30年度 育成協議会の設置と育成指標・研修計画の作成に関する調査研究プロジェクト報告書

小島弘道・淵上克義・露口健司（2010）『スクールリーダーシップ』学文社

川口俊明（2019）「日本の学力研究の動向」『福岡教育大学紀要』68、第4分冊、pp.1-11

久保拓弥（2018）『データ解析のための統計モデリング入門――一般化線形モデル・階層ベイズモデル・MCMC―』岩波書店

国立教育政策研究所（2017）『PISA2015年調査国際結果報告書 生徒の well-being（生徒の「健やかさ・幸福度」）』

国立教育政策研究所（2019）『教員環境の国際比較 OECD 国際教員指導環境調査（TALIS）2018報告書―学び続ける教員と校長―』ぎょうせい

古荘純一・柴田玲子・根本芳子・松嵜くみ子（2014）『子供の QOL 尺度 その理解と活用』診断と治療社

敷島千鶴・山下絢・赤井英夫（2012）「子供の社会性・適応感と家庭背景―『日本子供パネル調査2011』から―」樋口美雄・宮内環・McKenzie, C.R.『親子関係と家計行動のダイナミズム―財政危機下の教育・健康・就業―』慶應大学出版会、pp.49-79

猿田祐嗣（2019）『「次世代の学校」実現に向けた教育長・指導主事の資質・能力向上に関する調査研究報告書』国立教育政策研究所

篠原岳司（2007）「教師の相補的『実践』に着目した学校改善理論に関する一考察：J・スピラーンの『分散型リーダーシップ（distributed leadership）理論』の検討」『日本教育経営学会紀要』49、pp.52-66

志水宏吉・高田一宏（2016）『マインド・ザ・ギャップ！』大阪大学出版会

菅原至（2016）「分散型リーダーシップ実践に着目した学校改善に関する研究」『学校教育研究』31、pp.74-87

須藤康介（2007）「授業方法が学力と学力の階層差に与える影響―新学力観と旧学力観の二項対立を超えて―」『教育社会学研究』81、pp.25-44

中央教育審議会（2015）「新しい時代の教育や地方創生の実現に向けた学校と地域の連携・協働の在り方と今後の推進方策について（答申）」

露口健司（2008）『学校組織のリーダーシップ』大学教育出版

露口健司（2010）「スクールリーダーのリーダーシップ・アプローチ―変革・エンパワーメント・分散―」小島弘道・淵上克義・露口健司『スクールリーダーシップ』学文社、pp.137-163

露口健司（2012）『学校組織の信頼』大学教育出版

露口健司（2015）『学力向上と信頼構築―相互関係から探る学校経営方策―』ぎょうせい

露口健司（2016）『「つながり」を深め子供の成長を促す教育学―信頼関係を築きやすい学校組織・施策とは―』ミネルヴァ書房

露口健司（2017）「学校におけるソーシャル・キャピタルと主観的幸福感：学校は子供と保護者を幸せにできるのか？」『愛媛大学教育学部紀要』64、pp.171-198

露口健司（2018a）「スクールリーダーシップ論」篠原清昭『学校管理職養成講座』ミネルヴァ書房、pp.3-21

露口健司（2018b）「リーダーシップ研究の進展と今後の課題」日本教育経営学会『教育経学の研究動向』学文社、pp.14-23

中西啓喜（2017）『学力格差拡大の社会学的研究―小中学生への追跡的学力調査結果が示すもの』東信堂

埴淵知哉・市田行信・平井寛・近藤克則（2008）「ソーシャル・キャピタルと地域―地域レベルソーシャル・キャピタルの実証研究をめぐる諸課題―」稲葉陽二『ソーシャル・キャピタルの潜在力』日本評論社、pp.555-572

前馬優策（2016）「授業改革は学力格差を縮小したか」志水宏吉・高田一宏『マインド・ザ・ギャップ！』大阪大学出版会、pp.81-106

松岡亮二（2019）『教育格差―階層・地域・学歴―』ちくま新書

山田哲也（2004）「教室の授業場面と学業達成」苅谷剛彦・志水宏吉『学力の社会学』岩波書店、pp.99-126

若槻健・伊佐夏実（2016）「『学びあい』や『人間関係づくり』は学力格差を縮小するか」志水宏吉・高田一宏『マインド・ザ・ギャップ！』大阪大学出版会、pp.107-124

若槻健・知念渉（2019）『学力格差に向き合う学校―経年調査からみえてきた学力変化とその要因―』明石書店

Alston, J. A.（2005）. Tempered radicals and servant leaders : Black female persevering in the superintendency. *Educational Administration Quarterly*, 41（4）, 675-688.

Barbuto jr, J.E. & Wheeler, D.W.（2006）. Scale development and construct clarification of servant leadership. *Group & Organizational Management*, 31（3）, 300-326.

Bredeson, P.V.（2013）. Distributed instructional leadership in urban high school: Transforming the work of principals and department chairs through professional development. *Journal of School Leadership*, 23, 362-388.

Bryk, A., Camburn, E., & Louis, K.S.（1999）. Professional community in Chicago elementary schools: Facilitating factors and organizational consequences. *Educational Administration Quarterly*, 35（Sup.）, 751-781.

Dumay, X., Boonen, T., Van Damme, J. (2013). Principal leadership long-term indirect effects on learning growth in mathematics. *The Elementary School Journal*, 114 (2), 225-251.

Goddard, Y.L., Miller, R., Larson, R., Goddard, R., Madsen, J., Schroeder, P. (2010). *Connecting principal leadership, teacher collaboration, and student achievement.* 2010 Annual Meeting of the American Educational Research Association, Denver.

Haldford, V., & Leithwood, K. (2019). School districts' contributions to students' Math and Language achievement. *Educational Policy & Leadership*, 14 (9), 1-21.

Hallinger, P., Bickman, L., & Davis, K. (1996). School context, principal leadership and student achievement. *The Elementary School Journal*, 96 (5), 527-549.

Hallinger, P., & Heck, R. H. (2010a). Leadership for learning: Does collaborative leadersghip make a difference in school improvement. *Educational Management Administration & Leadership*, 38 (6), 654-678.

Hallinger, P., & Heck, R. H. (2010b). Collaborative leadership effects on school improvement. *The Elementary School Journal*, 111 (2), 226-252.

Halverson, R., Grigg, J., Prichett, R., & Thomas, C. (2015). The new instructional leadership: Creating data-driven instructional systems in schools (2007). *Journal of School Leadership*, 25, 447-481.

Harris, A. (2013). Distributed leadership: Friend or foe? *Educational Management Administration and Leadership*, 41, 545-554.

Hock, J. E., Bommer, W. H., Dulebohn, J. H., & Wu, D. (2018). Do ethical, authentic, and servant leadership explain variance above and beyond transformational leadership? A meta-analysis. *Journal of Management*, 44 (2), 501-529.

Kim, K. R. & Seo, E. H. (2018). The relationship between teacher efficacy and students' academic achievement: A meta-analysis. *Social Behavior and Personality: An international journal*, 46 (4), 529-540.

Lee, V. E., & Smith, J. B. (1996). Collective responsibility for learning and its effects on gains in achievement and engagement for early secondary students. *American Journal of Education*, 104, 103-147.

Leithwood, K., & Jantzi, D. (1999). Transformational school leadership effects: A replication. *School Effectiveness and School Improvement*, 10 (4), 451-479.

Leithwood, K. & Mascall, B. (2008). Collective Leadership Effects on Student Achievement. *Educational Administration Quarterly*, 44 (4), 529-561.

Leithwood, K., Sun, J., & McCullough, C. (2019). How school district influence student achievement. *Journal of Educational Administration*, 57 (5), 1-22.

Louis, K. S., Dretzke, B., & Wahlstrom, K. (2010). How does leadership affect student achievement? Results from a national US survey. *School Effectiveness and School Improvement*, 21 (3), 315-336.

Louis, K. S., & Marks, H. M. (1998). Does professional community affect the classroom? Teachers' work and student experiences in restructuring schools. *American Journal of Education*, 106 (4), 532-575.

Louis, K. S., Marks, H. M., & Kruse, S. (1996). Teachers' professional community in restructuring schools. *American Educational Research Journal*, 33 (4), 757-798.

Marks, H. M., & Printy, S. M. (2003). Principal leadership and school performance: An integration of transformational and instructional leadership. *Educational Administration*

Quarterly, 39 (3), 370-397.

Portin, B. S., Russell, F. A., Samuelson, C., & Knapp, M. S. (2013). Leading learning- focused teacher leadership in urban high schools. *Journal of School Leadership*, 23, 220-252.

Printy, S. M., & Marks, H. M. (2006). Shared Leadership for Teacher and Student *Learning, Theory into practice*, 45 (2), 125-132.

Printy, S. M., Marks, H. M., & Bowers, a. J. (2009). Integrated leadership: How principals and teachers share transformational and instructional influence. *Journal of School Leadership*, 19 (5), 504-532.

Ross, J. A., & Gray, P. (2006). Transformational leadership and teacher commitment to organizational values: The mediating effects of collective teacher efficacy. *School Effectiveness and School Improvement*, 17 (2), 179-199.

Sebastiana, J., Huang, H., & Allensworth, E. (2017). Examining integrated leadership systems in high schools: connecting principal and teacher leadership to organizational processes and student outcomes. *School Effectiveness and School Improvement*, 28 (3), 463-488.

Spears, L. C. (2010). Character and Servant Leadership: Ten Characteristics of Effective, Caring Leaders. *The Journal of Virtues & Leadership*, 1 (1), 25-30.

Spillane, J.P. (2006). *Distributed leadership*. Jossey-Bass: CA.

Spillane, J.P., Halverson, R., & Diamond, J.B. (2004). Towards a theory of leadership practice: A distributed perspective. *Journal of Curriculum Studies*, 36 (1), 3-34.

Supovitz, J., Sirinides, P., & May, H. (2010). How principals and peers influence teaching and learning. *Educational Administration Quarterly*, 46 (1), 31-56.

Tschannen-Moran, M., & Hoy, A.W. (2001).Teacher efficacy: Capturing an elusive construct. *Teaching and Teacher Education*, 17 (7), 783-805.

Wahlstrom, K. L. & Louis, K. S. (2008). How teachers experience principal leadership: The roles of professional community, trust, efficacy, and shared responsibility. *Educational Administration Quarterly*, 44 (4), 458-495.

York-Barr, J. & Duke, K. (2004). What do we know about teacher leadership? Findings from two decades of scholarship. *Review of Educational Research*, 74 (3), 255-316.

資料1　各リーダーシップ主体の影響力の平均値

項　　　目	学力			学校幸福度		
	n	M	SD	n	M	SD
学校管理職・教員						
学校管理職	1,143	4.51	.564	1,146	4.60	.553
主幹教諭	725	4.13	.761	722	4.22	.737
指導教諭	590	4.05	.821	598	4.06	.818
主任層教員	1,090	4.26	.687	1,066	4.39	.643
学級担任・教科担当教員	1,143	4.48	.621	1,144	4.57	.572
チーム学校スタッフ						

学校事務職員	1,114	3.14	.968	1,125	3.92	.861
スクールカウンセラー	1,078	3.25	.919	1,093	4.08	.739
スクールソーシャルワーカー	855	3.03	.922	860	3.76	.875
支援員	1,029	3.91	.799	1,013	4.13	.733
家庭						
PTA	1,130	3.43	.797	1,138	4.03	.683
各家庭	1,138	3.72	.856	1,137	4.01	.772
学習塾	988	3.83	.787	937	2.93	.844
地域						
学校運営協議会のメンバー	884	3.38	.778	877	3.72	.770
児童クラブ（学童）のスタッフ	825	3.12	.790	824	3.56	.805
放課後子供教室のスタッフ	720	3.26	.871	713	3.55	.820
地域の学校教育・社会教育関係団体	1,002	3.34	.751	1,014	3.55	.787

資料2　PLC 尺度の因子分析結果

	因子			共通性
	1	2	3	
・教員は、休み時間などでも、授業や教育実践に関する話を同僚と交わしている	.755	-.031	-.114	.452
・校外での研修等で獲得した知識を、同僚の教員同士で交換しあうことがある	.746	-.173	.109	.488
・同僚の教職員同士で学校の重点目標に関する会話を交わすことがある	.664	-.014	.019	.442
・新しい授業技法や実践についての知識を同僚の教員同士で交換しあうことがある	.660	-.082	.179	.521
・多くの教職員が学校改善に対する責任を意識している	.629	.185	-.091	.523
・同僚の教員同士で授業運営や学級経営上の課題についての会話を交わすことがある	.606	.113	-.036	.451
・多くの教職員が自分自身に高い水準の目標を課している	.570	.134	.061	.507
・多くの教職員が、ほかの教職員を自発的に支援している	.509	.271	-.075	.473
・特別に配慮する必要のある児童生徒に対する支援の方法について、同僚の教員同士で話し合っている	.387	.129	.088	.299

・教員の多くは、何事に対しても協力して取り組もうとしている	-.177	.860	.005	.554
・教職員の多くは、本校において達成すべき使命を共有している	.060	.595	.059	.453
・安心して働くことのできる、働きやすい職場である	.063	.528	-.049	.304
・本校の教職員は、同僚に対して誠意をもって接している	.309	.482	-.047	.506
・授業改善の必要性を、多くの教員が理解している	.099	.446	.168	.396
・児童生徒の学力向上のためには、どうすればよいかを多くの教員が理解している	.190	.315	.107	.292
・同僚の教員の授業を参観し、意見交換することが習慣化している	-.067	-.007	.977	.875
・授業を同僚の教員に公開することが習慣化している	-.059	.054	.836	.688
・授業に対する同僚の教員からの効果的なフィードバックがある	.213	-.010	.638	.604

因子間相関係数　1　1.000
　　　　　　　　　2　.726　1.000
　　　　　　　　　3　.592　.508　1.000

Note. 負荷量平方和49.05%

資料3　教師効力感の因子分析結果

	因子			共通性
	1	2	3	
・学習過程を工夫し、体験的な学習や問題解決的な学習を積極的に取り入れることができる	.633	-.132	.225	.490
・児童生徒の思考スタイルや性格の特徴を理解し、教材の選択や指導計画立案に生かすために活用できる	.630	.146	-.114	.454
・児童生徒の学習目標の到達度や意欲などの学習状況を的確に把握し、授業改善のために活用できる	.596	.150	-.080	.441
・単元目標や授業目標を明確にし、児童生徒の状況に応じて単元の指導計画や一単位時間の授業を計画することができる	.580	.012	.111	.449
・適切な学習評価や授業評価の場を設定することができる	.579	.155	-.054	.447

・教材研究に対して時間をかけ、教材の吟味を重ねることができる	.517	.048	.048	.346
・一斉学習とグループ学習や個別学習など、適切な学習形態を工夫することができる	.496	-.068	.287	.446
・授業のねらいを達成するのにふさわしい教材や教具を選択し、適切に使用できる	.491	.200	.016	.447
・教材について正しく理解したり、深く理解したりできる	.479	.342	-.105	.493
・児童生徒の理解や思考に役立つような構造的な板書を行うことができる	.357	.201	.109	.372
・ICT を効果的に活用することができる	.326	-.110	.266	.210
・児童生徒の反応や状況を把握し、適切に対応することができる	-.035	.749	.043	.567
・児童生徒の思いや考えを引き出すことができる	.023	.686	.056	.554
・的確な指示を行ったり、分かりやすく説明を行ったりすることができる	.002	.637	.142	.553
・児童生徒の反応を生かしながら授業を構成（再構成）することができる	.137	.581	.030	.508
・児童生徒の思考を促したり焦点化したりするために適切な発問を行うことができる	.259	.546	-.074	.506
・個別指導の中で、個々の児童生徒の学習状況を把握し、適切に対応することができる	.087	.457	.169	.433
・児童生徒の興味関心を高め、課題意識や学習意欲を持たせることができる	.166	.361	.278	.528
・先生や友達の話をしっかり聞ける状況を作り出すことができる	-.110	.092	.770	.583
・基本的な学習ルールを定着させて、的確な指示を出して学習集団を動かすことができる	-.024	.069	.679	.507
・支持的風土づくりに努め、発言しやすい状況を作り出すことができる	.027	.134	.596	.512
・学習活動とリンクした掲示物を掲示したり、学習に集中できるように教室環境を整えたりできる	.272	-.050	.440	.378

因子間相関係数　1　1.000
2　.770　1.000
3　.671　.692　1.000

Note. 負荷量平方和46.48%

資料4 教育長のサーバント・リーダシップ尺度

	因子 1	因子 2	因子 3	共通性
・対応が難しい保護者や地域住民を説得することができる	.861	-.014	-.041	.672
・子供の意見や要望に十分に耳を傾けている	.832	.101	-.070	.738
・児童生徒の福祉の向上に意欲的に取り組んでいる	.821	.082	-.031	.745
・保護者や地域住民を魅了する語りがある	.745	.095	.055	.750
・地域住民やその代表者とよく懇談する	.740	-.067	.171	.685
・保護者やPTAとの対話を重視している	.736	-.008	.119	.683
・地域における教育格差問題の解消に意欲的である	.725	-.051	.131	.626
・児童生徒の厳しい家庭問題に目を向けている	.672	.154	.013	.654
・人づくりを通して地域づくりに積極的に貢献しようと努めている	.656	.161	.092	.746
・保護者や地域住民相互のつながりづくりを築く	.609	.136	.118	.668
・学校や公民館等、教育現場への訪問をよく行う	.563	.179	.097	.627
・校長が困っていたら、個別に支援する	.555	.371	-.084	.659
・献身的な働きぶりが目立つ	.508	.293	.125	.745
・住民（市民）の意見や要望によく耳を傾ける	.506	.172	.154	.606
・子供や地域のことを第一に考えて行動している	.481	.320	.086	.687
・校長のリーダーシップに期待してくれている	-.246	.863	.211	.691
・校長の仕事ぶりを信頼している	.048	.845	.009	.792
・学校の裁量や自主性を重視している	.125	.828	-.103	.735
・校長の意見や提案によく耳を傾ける	.060	.816	.011	.760
・地域の教育の実態を正確に把握するよう努めている	-.052	.666	.292	.726
・校長を褒めて士気を高めている	.354	.658	-.094	.793
・誠実で謙虚な姿勢を貫いている	.373	.586	-.087	.713
・リーダーとしての模範を示している	.364	.457	.122	.767
・校長・教員を奮い立たせるような語りがある	.412	.442	.079	.755
・教育施策実施後の評価を、データや資料に基づいて客観的に行う	.194	-.071	.710	.670

・物事を決めるとき、客観的なデータ根拠を求める	-.234	.133	.696	.384
・社会の変化を先取りし、新しい教育施策を展開する	.311	-.077	.632	.703
・自らの新しい考えやアイデアを積極的に提案する	.437	-.235	.606	.664
・教育施策を地域住民に積極的にPRし、理解を求める	.067	.179	.593	.619
・地域の教育についての明確な教育ビジョンを示す	-.007	.284	.590	.654
・問題解決に必要な情報を、素早く収集する	.299	.079	.501	.674
・地域の社会教育や生涯学習についての明確なビジョンを持っている	.235	.158	.481	.654
・教育長は自らの研修（自己研鑽）に積極的である	.408	-.005	.438	.631
・学校教育についての魅力的なビジョンを示している	.176	.346	.393	.701

因子間相関係数　1　1.000
　　　　　　　　2　.786　1.000
　　　　　　　　3　.782　.704　1.000

Note. 負荷量平方和68.75%

資料5　学区レベル変数の相関マトリクス

学区レベル変数	1	2	3	4	5	6	7
1．学力高位							
2．学力向上	-.26**						
3．学校幸福度	.03	.05					
4．学校段階ダミー	-.08*	.03	.13**				
5．学校規模	.12**	-.12**	-.14**	.11**			
6．CS設置ダミー	-.04	.05	.03	.03	-.04		
7．本部設置ダミー	.08**	.03	.04	-.08**	.00	.16**	
8．コーディネーター配置ダミー	.01	.01	.04	.00	.00	.19**	.30**
9．就学援助5％未満	.12**	.02	.10**	.15**	-.06*	-.02	-.03
10．就学援助30％以上	-.14**	.01	-.07*	-.08**	-.11**	-.03	-.02
11．PLC	.02	.09**	.01	.18**	-.05	-.04	-.08**
12．教師効力感	.00	.06*	.05	.04	-.11**	-.03	-.03
13．分散型LS（学力）	.01	.12**	.02	.03	-.02	-.03	.00
14．分散型LS（幸福）	-.05	.10**	-.03	.04	-.05	.00	-.01

	8	9	10	11	12	13	14
9．就学援助5％未満	.04						
10．就学援助30％以上	-.01	-.11**					
11．PLC	-.05	.10**	-.01				
12．教師効力感	.01	.07*	-.05	.65**			
13．分散型LS（学力）	.00	.04	-.02	.38**	.37**		

| 14. 分散型 LS（幸福） | .02 | .06 | -.04 | .35** | .33** | .74** |

Note. **$p < .01$、*$p < .05$、学区レベル n=1157、LS= リーダーシップ

資料6　自治体レベル変数の相関マトリクス

自治体レベル変数	1	2	3	4
1．教育長のサーバント・リーダーシップ				
2．所得	-.19			
3．失業率	-.03	-.22		
4．持ち家率	.17	-.07	-.18	

Note. 自治体レベル n=55

資料7　教育長のリーダーシップの影響力についてのマルチレベル分析

	LS 総量（学力）	LS 総量（幸福）	PLC	教師の授業力
	B(SE)	B(SE)	B(SE)	B(SE)
定数項	2.96**	3.29**	2.79**	2.60**
	(.24)	(.24)	(.21)	(.20)
学区レベル変数				
学校段階ダミー	.01	.04	.14**	.02
（小学校＝1、中学校＝0）	(.03)	(.03)	(.02)	(.02)
学校規模	.00	.00	.00	.00
	(.00)	(.00)	(.00)	(.00)
CS 設置ダミー	.07	.00	-.03	-.03
（設置＝1、未設置＝0）	(.04)	(04)	(.04)	(.03)
本部設置ダミー	.05	.03	.03	-.01
（設置＝1、未設置＝0）	(.05)	(.05)	(.04)	(.04)
コーディネーター配置ダミー	.02	.02	.00	.04
（配置＝1、未配置＝0）	(.04)	(.03)	(.03)	(.03)
就学援助比率5％未満	.06	.05	.04	.04
（該当＝1、非該当＝0）	(.05)	(.06)	(.04)	(.03)
就学援助比率30%以上	.02	-.02	.06	-.01
（該当＝1、非該当＝0）	(.06)	(.06)	(.04)	(.04)
自治体レベル変数				
教育長のサーバント・リーダーシップ	.12**	.13**	.12**	.11**
	(.04)	(.04)	(.04)	(.04)

所得	-.04*	-.04	-.02	-.03*
	(.02)	(.02)	(.02)	(.02)
失業率	.04	.02	-.01	.00
	(.03)	(.02)	(.02)	(.02)
持ち家比率	.06	.12	.03	-.01
	(.13)	(.13)	(.12)	(.11)
自治体変動項の分散				
Model 0　推定値	.006	.008	.008*	.007**
Model 1　推定値	.006	.007	.007*	.007**
Model 2　推定値	.003	.003	.005	.004
Model 2　適合度				
-2LL	1402	1369	874	739
AIC	1406	1373	878	743

Note. **$p < .01$、*$p < .05$、学区レベル n=1157、自治体レベル n=55

（露口健司）

第5章 | 子供の幸福度と学力を高める教育長の事例研究

　教育長の使命は、全ての子供が未来において幸せに過ごせるように、学校で確実に学力を身につけることができるように、また、学校において安心・安全な環境で楽しく過ごし、学習に没頭できる（本書ではその状態を学校幸福度という）ように支援することであると言えよう。

　しかし、日本においては、教育長が学力向上及び学校幸福度に真に影響を及ぼすことができるか否かは、十分に解明されてこなかった。第4章までの分析によって、教育長による学校を支援するサーバント・リーダーシップ（奉仕貢献型リーダーシップ）が、学校管理職や教職員だけでなく、家庭や地域を含めた校区の教育力・組織力（分散型リーダーシップ）を高め、学力向上につながるという経路が初めて確認された。

　さらに、学校幸福度の実現は、小学校、小規模校、地域学校協働本部または学校支援地域本部の設置、就学援助比率によって規定されていることが解明された。教育長が、校区レベルでの地域連携を支援することによって、間接的に子供の幸福度の実現に貢献できるという経路も確認された。

　要約すれば、教育長は校区の教育力・組織力を高めたり、校区レベルでの地域連携を支援したりすることを通じて、学力向上及び学校幸福度に貢献できることが確認されたのである。こうした知見は、子供の学力向上及び学校幸福度向上に向け、全国の教育長を鼓舞するのではないだろうか。

　以上の計量的分析結果を受け、本章では、インタビュー調査を通じて、（1）学力上昇傾向にある校区の教育長のリーダーシップ行動は、サーバント・リーダーシップという観点で説明できるか否か、また、（2）サーバント・リーダーシップを発揮している教育長の具体的行動はどのようなものか分析を行いたい。

1. 子供の幸福度と学力を高める教育長のリーダーシップ

　まず、インタビュー調査を通じて、（1）学力上昇傾向にある校区の教育長は、サーバント・リーダーシップという観点で説明できるか否かということを検証したい。

　その作業に先立ち、ここで、サーバント・リーダーシップの意味内容について確認しておく。サーバント・リーダーシップとは、フォロワーの主体性やエンパワーメントに焦点をあてたリーダーシップ論である。しかし、それは、単にリーダーがフォロワーの求めに応じ都合よく奉仕するというリーダーシップではない。サーバント・リーダーシップとは、「リーダーたる人物が深く信じているミッションに共感して、その実現のために動き出す人をリーダーは支え、そういう人が困ったときには支援して、ミッション実現の行動に対して奉仕する」（池田・金井2007）というものである。つまり、ミッションドリブン（ミッションを起点）のリーダーシップなのである。

　第4章では、教育長のサーバント・リーダーシップに関する先行研究を参照し、34項目からなる教育長のサーバント・リーダーシップ尺度を構成し、校長に対して回答を求め因子分析を行っている。その結果、**表1**に示す3つの因子が抽出された。それらは、「愛他的使命」をもって献身的に行動する「愛他的使命」、教職員をリスペクトし、信頼して応援する「情緒的安定」、ビジョンを明快かつ根拠を伴って説明し人々を巻き込む「説得的図解」である。端的に言えば、愛と信頼とビジョンを重視するリー

表1　教育長のサーバント・リーダーシップの因子

因子	内容
愛他的使命	子供や地域のことを第一に考え、また、地域の人々との対話を通して願いを理解し、困難を抱える家庭への支援を重視する等の献身的なリーダーシップ行動
情緒的安定	学校との対話・傾聴重視の姿勢や学校との信頼関係醸成に努めようとするリーダーシップ行動
説得的図解	ビジョンを分かりやすく説明し人々を巻き込むリーダーシップ行動

ダーシップである。

　では、学力向上傾向にある校区の教育長のリーダーシップ事例は、本当にサーバント・リーダーシップという観点で説明できるだろうか。

　そのことを検証する上で、またとない資料がある。国立教育政策研究所（2019）は、「全国学力・学習状況調査」（平成25年度と平成29年度）の2回の結果を用い、この間にスコアの上昇傾向がみられた市町村群（上昇幅が大きかった上位4分の1）の中から、地域的バランスを考慮して抽出された14名の教育長に対しインタビューを実施している。これらの教育長は、在職年数がおおむね3年以上の教育長のうちから選ばれた。

　このインタビューは、9人の研究者で分担して行われ、「学力向上施策の概要」、「教育長のリーダーシップ」、「リーダーシップを発揮する上で役に立った研修や経験」を柱とした半構造化インタビューを行ったものである[i]。自治体によっては、教育長のリーダーシップについての指導主事に対するインタビューも行われた。こうしたインタビュー記録は他に見当たらない貴重なものである。

　このインタビュー記録は、本山（2019）においても分析されているが、ここではサーバント・リーダーシップの発揮という観点で、**表2**に示すA、Bの2名の教育長の事例に注目して分析を行いたい。

　これらの教育長に分析を限定したのは、彼らのインタビューが同一の研究者（生田淳一（福岡教育大学））によって共通の枠組みで行われており、分析に適しているからである。インタビュー対象者は生田の勤務先に近い九州の自治体に務める教育長である。インタビュー当時は現職であったが、現在は両名とも退任している。

表2　インタビュー対象者

教育長	自治体の名称及び概要
A教育長 （退任）	（大分県玖珠町） 大分県の西部に位置し、豊かな山並みの懐に抱かれた町で、基幹産業である農業では自然が育む質の高い農産物を生産している（総面積は286.51km²。小学校：8校、中学校：7校）。現在の人口は、およそ16,000人。

B教育長　　（佐賀県基山町）
（退任）　　　基山町は、佐賀県の東端に位置し福岡県に隣接しており、佐賀県の東
　　　　　　の玄関口となっている（総面積は22.15km^2。小学校：2校、中学校：
　　　　　　1校）。20〜30km圏内に福岡市、佐賀市、久留米市があり、JR基山駅
　　　　　　から博多駅、久留米駅までは約20分で通勤には格好の地にあり、福岡
　　　　　　都市圏の住宅地として注目され、佐賀県の中でも人口が増加していた
　　　　　　が、近年、徐々に減少に転じている。現在の人口は、およそ17,000人。

※自治体の概要については生田（2019a、2019b）から転記し一部表記を統一した。

1）A教育長のリーダーシップの特徴及び行動特性

　生田（2019a）は、以下の囲みの口述記録を参照し、「教育長の語りには、
自分の仕事への強い情熱と責任感が表れている。郷土の先哲である『口演
童話家久留島武彦』の教えである『継続は力なり』に学び、課題解決に向
けて努力・継続して必ず解決できるまで前向きに取り組むことを心掛けて
いる。ただし、職員と協議し組織として判断することを前提に、非常に厳
しく解決策を見いだせないと判断した場合は、即座に断念する決断力もあ
わせ持っている。教育長は、聞くコミュニケーションでしっかり受信し、
一方で、しっかり判断し、自分の言葉で発信し、実現していく推進力も持
ちあわせている。特徴的な取組の一つである児童生徒を支援する各種の基
金の創設は、地域の住民の声がきっかけであり、住民の声を形にした好例
の一つである」と報告している。

　　前に前に出ないと。言われてするんじゃなくて、現状ここですよと。
　だからやっぱりいろんなことで、やっぱり伝えるコミュニケーション
　よりも聞くコミュニケーションと、先生の話も聞き、地域の人の話も
　聞き、保護者の声も聞き、そして教育委員会としてどうするのかとい
　うのをやっぱり考えていって、そして向こうの予算、うちは予算がな
　い。町長部局が持っておるんで、あそこに町長部局のほうに理解、協
　力を求める。これが私はやはり教育委員会のすべき仕事じゃないかな
　と思っているんです。

　　ただ聞くだけなら誰でも聞くよね。聞いた後どうするかが、そこが

> リーダーシップだよね。それやり切らないと、下はついていきません
> よ。

　これは、教育長のサーバント・リーダーシップの３つの因子のうち、
「愛他的使命」をもって献身的に行動する「愛他的」因子が観察されてい
ると言えよう。

　また、生田（2019a）は、以下の囲みの口述記録を参照し、「教育長の語
りの中では、あえて『聞くコミュニケーション』という言葉を多く使って
いる。その背景には、よりよいものを創ろうという姿勢や、優れたリー
ダーでも一人では何もできないことを意識していることが重要であるとい
う考えがある。この聞くコミュニケーションが、玖珠町の教育の実態に
あったシステムを構築する上で重要な役割を果たしている。また、意思決
定に多くの成員が関わることで、成員の意欲も向上している様子がうかが
える」と報告している。これは、教育長のサーバント・リーダーシップの
３つの因子のうち、教職員をリスペクトし、信頼して応援するという「情
緒的安定」因子が観察されていると言えよう。

> 　私自らが指導体制をつくるのじゃなく、職員と協議し、組織として
> の、教育委員会組織としての指導体制の確立に向け取り組んでいかな
> いかんというふうに思っています。
>
> 　だから私はそうしないといかんと思うんですよ。あまりやっぱり
> リーダーシップ、リーダーシップで、上から目線でどうしてもトップ
> ダウン方式なので上から目線になるんですね。

　さらに、生田（2019a）は、以下の囲みの口述記録を参照し、「教育長は、
行政職の出身であるという事実を受け止めた上で、教育長として求められ
る教育に関する専門的知識を高めることを怠らず、『継続は力なり』で学
び続け、教育現場ともしっかりと議論ができる、説得ができるよう研鑽を
積んでいる。これは、教育長の、人生の学びの場は、人と人との関わりの

場であり、学び続ける姿勢を示すことが大事であるという哲学に基づいている。また、何を実現したいのか、明確さと一貫性をもっていなければならないという、教育長のスタンスや、課題が生じたならば、その課題解決に向けて自ら切り開こうとする姿勢は、教育著（原語ママ、教育長のこと）の言葉の説得力を高めていると考えられる」と報告している。これは、教育長のサーバント・リーダーシップの３つの因子のうち、ビジョンを明快かつ根拠を伴って説明し人々を巻き込む「説得的図解」因子が観察されていると言えよう。

> 私は教育者じゃないじゃないですか。だから、教育者じゃないから、教育委員会と社会教育におったけれども、自分が今勉強していかんと、先生たちと対等に話ができんから、もう私は、だから絶えずいろんな話を聞いたときにぱっとメモをして、それを自分なりに解釈して一つのものをつくっていくんですよ。
>
> 聞くコミュニケーションプラスの、自分もわかりやすいことを言わんと、そして、それからいろんな意見を聞くと、それによって子供たちが聞いてくるし、校長先生方、先生たちも聞いてくるじゃないですか。だから、難しい言葉を並べるよりも、わかりやすい言葉を並べて理解してもらって、していけば一番いいと思います。

　以上の生田（2019a）の分析によれば、A教育長は「愛他的使命」因子、「情緒的安定」因子、「説得的図解」因子のサーバント・リーダーシップを発揮していると解釈できる。

２）B教育長のリーダーシップの特徴及び行動特性

　生田（2019b）は、以下の囲みの口述記録を参照し、「教育長の語りからは、その覚悟と責任感の強さがうかがえる。河野（2007）は、首長との関係は、教育長の職務を円滑に遂行していくためには、良くも悪くも、首長との良好な関係を結んでおくことが前提条件となると指摘している。このケースの場合、地元出身者ではないというリスクを背負いながらも、一

方でだからこそとれる毅然とした態度で、仕事に取り組む教育長の姿勢は、政治的交渉能力にもよい影響を与えていることがうかがえる。また、郷土愛を育もうとする姿勢は、地元出身教育長以上の情熱を感じる。『教育に対する情熱』が教育長の魅力を高め、教員を鼓舞し、士気を高めていると考えられる」と報告している。これは、教育長のサーバント・リーダーシップの３つの因子のうち、「愛他的使命」をもって献身的に行動する「愛他的」因子が観察されていると言えよう。

特に私がスキルとかがあるということはないと思いますね。ただ、いつやめてもいいという腹だけは、退職願は日付の抜けたのを常に持って、何かあったらもういいですと。

私は地元の人間じゃないんですよ。まさかこんな仕事するなんていうのは。そう、夢にも思ってなかったです。

こっちの人間じゃないという、そういうリスクというのは常にしょっていますね。ここで仕事をしているときに、俺でいいのかというのをいつも思いながらやっていますね。だから、子供たちをどう育てるかというのは、勉強ができるだけでなくて、ここの出身であるということを終生誇りに思って生きていくということです。そのために今つけておかなければならない知識であったり、コミュニケーション能力であったり、そういうものを一層、やっぱりここで培っておくべきだろうと。

また、生田（2019b）は、以下の囲みの口述記録を参照し、「指導主事のインタビューでは、『教育長のぶれない姿勢』、『教育長との緊密なコミュニケーション』の様子が語られ、日頃から両者で十分なコミュニケーションが取られ、良好な関係性が築かれていることがうかがえる。指導主事は、一定の責任を任されながら、教育長のビジョンを具体化し、環境整備を積極的に行い、現場へも足しげく通い、相談しやすい関係づくりをし

ながら、緊密なコミュニケーションを取ることができている。

　このようなコミュニケーションができるのも、教育長が部下をリスペクトしているためと考えられる。自分よりも優れているところは素直に認め、責任は自身がとるというスタンスは、部下の士気を高め、やりがいを生み出していると考えられる」と報告している。これは、教育長のサーバント・リーダーシップの3つの因子のうち、教職員をリスペクトし、信頼して応援するという「情緒的安定」因子が観察されていると言えよう。

> 　指導主事も結構、だからおまえが言って指導することは俺が言っていると同じことだから、自分の考えだけを言うんじゃなくて、教育長だったらこう言うだろうなというふうに言わなきゃいかんと。俺は全く言わないような、考えもしないようなことをそんなところ、あっちこっちで言われたら俺は困ると。これが組織だという。
>
> 　だから、私はもう感謝していたし、やっぱりお互いにリスペクトしなきゃだめですね。

　次いで、生田（2019b）は、以下の囲みの口述記録を参照し、「教育長のインタビューでは、OJTを中心にした人材育成が語られている。人事面でも、教員一人一人のキャリア形成を意識した配慮が行われている。教員も教育長と一緒で、その町の出身に限らないが、そうでない教員も、基山町の教員としての誇りをもって仕事ができるようにと考えている。教員みんなが一つの方向性に向かって邁進（まいしん）する組織風土が教育長のマネジメントによってつくられている」と報告している。これも、「情緒的安定」因子が観察されていると言えよう。

> 　やっぱりみんながリスペクトしてやっていくって、私は特にあれですよ。マネジメントする上で大事なのは、さっきも何回も言いましたけど、ミドルリーダーですね。これにしっかりしているのがいると、組織がめちゃめちゃ締まりますよ。それだし、ミドルリーダーが下を

育ててくれますからね。それと、もうそのミドルリーダーをいつまで
も持たない。便利だからと言ってね。この辺のルールでは７年まで
オーケーなんです。でも、こう見きわめて、人事的にその人が入って
いけるステージがあるんだったらもう、どんどん出て、そういう気持
ちで。

やっぱりやっただけは評価して、口だけでありがと、頑張ってるね
じゃなくて、具体的に目に見えてステージが上がっていくとか、やっ
てあげないとだめですよ。

さらに、生田（2019b）は、以下の囲みの口述記録を参照し、「基山町
では、児童生徒の学力の現状把握と評価分析を行い、各学校の検証・改善
サイクルを支援する取組が充実している。その中で指導主事が中心的な役
割を果たしている。指導主事は、統計的手法による分析にたけており、県
の教育センターで学習状況調査の分析に携わった経験もある。実は、指導
主事は、教育長が校長時代のときの部下にあたり、全国学力調査がスター
トした当初より、データ分析の役割を担っていた存在である。今でこそ、
自治体レベル、学校レベルでのデータ分析が進んでいるが、スタート当初
に学校レベルでデータ分析を行うことは先進的な取組であったと考えられ
る。現在、研修等に活用されるレベルまで洗練された分析ができているだ
けでなく、町独自の学力テストを実施し、分析して課題を見いだし、授業
改善に活かすという仕組みが構築されるに至っている。このことは、教育
長の先見性やそれを形にしていくマネジメントの手腕の成果と考えられ
る」と報告している。これは、教育長のサーバント・リーダーシップの３
つの因子のうち、ビジョンを明快かつ根拠を伴って説明し人々を巻き込む
「説得的図解」因子が観察されていると言えよう。

先を読む目というか、そういう目がないと。それから柔軟性ですね。
それと、やっぱりこの人についていきたいという魅力を多少、持って
いないといけないと。ひとりよがりの人はいますよ。俺はすごいだろ

うと、これだけ勉強したと、こういう実績があると、だから俺は正しいんだと。それじゃみんな「はい」とは言っているかわからんけど、本当に言っているのかなという気持ちはありますね。

以上の生田（2019b）の分析によれば、B教育長は「愛他的使命」因子、「情緒的安定」因子、「説得的図解」因子のサーバント・リーダーシップを発揮していると解釈できる。

これまでの分析を踏まえ、2人の教育長において、3つのサーバント・リーダーシップの因子のうち、その発揮が確認されたものを**表3**に示す。

この結果からは、2人の教育長とも、サーバント・リーダーシップを発揮していると言えるだろう。2人の教育長それぞれが、「行政職の出身（A教育長）」、「地元出身者ではない（B教育長）」というように、自分にないものを自覚しつつ、責任感をもって学び続け、フォロワーの主体性やエンパワーメントに焦点を当てたサーバント・リーダーシップを発揮する姿には感銘すら覚える。こうしたA、B教育長によるサーバント・リーダーシップが、学校管理職や教職員だけでなく、家庭や地域を含めた校区の教育力・組織力を高め、学力向上につながっているのではないだろうか。

確かに、今回の分析は、第4章までの分析が終わったのちに行ったものであり、後から解釈を恣意的に行ったのではという批判は免れない。しかし、サーバント・リーダーシップという概念で2人の語りを見てみれば、彼らのリーダーシップ行動について納得感が高まることは否定できない。

表3　2人の教育長のサーバント・リーダーシップ

	愛他的使命	情緒的安定	説得的図解
A教育長	○	○	○
B教育長	○	○	○

2．サーバント・リーダーシップを発揮している教育長の取組

これまでの事例分析は、学力向上傾向にある教育長のリーダーシップの

特徴及び行動特性をサーバント・リーダーシップという観点で分析したものであった。次いで、実際にサーバント・リーダーシップを発揮している教育長の取組が具体的にどのようなものか探求したい。

　具体的には、第4章の分析において、算出されたサーバント・リーダーシップ得点の高い上位13市町村の教育長のうち、調査の2年前から教育長を務めている以下の3名の教育長に調査を依頼した。サーバント・リーダーシップ得点の高い教育長へのインタビュー調査も、学力向上傾向にある教育長に対するインタビューと並んで、貴重なものである。

　インタビュー対象者を表4に示す。全員、現職の教育長である（執筆時）。インタビューは2020年3月〜5月にかけて、それぞれ1時間程度実施した。なお、本書へのインタビューのまとめの掲載に際して、事前に読んでいただき、修正の求めがあった場合には検討の上、適宜修正するとともに、掲載の許可を得るという倫理的配慮を行った。

表4　インタビュー対象者

教育長	自治体の名称及び概要
C教育長 2016年 12月〜現職	（周南市） 周南市は、山口県の東南部に位置しており、人口は142,222人（2020年2月）。周南市の臨海部には、石油化学をはじめ、無機化学、鉄鋼、セメントなどの多彩な基礎素材型産業が集積し、全国有数のコンビナート群が広がっている。（総面積は656.29km^2、小学校：27校、中学校：14校）。
D教育長 2011年 7月〜現職	（名寄市） 名寄市は、北海道の天塩川が形成する名寄盆地のほぼ中央に位置しており、人口は27,240人（2020年2月）。 もち米は日本一の作付面積、アスパラガスは北海道有数の作付面積・収穫量を誇るなど、農業を基幹産業とした道北地方の商業、産業の中心都市である。（総面積は535.20km^2、小学校：7校、中学校：4校）。
E教育長 2016年 4月〜現職	（柏市） 柏市は、千葉県の北西部に位置する中核市で、人口は430,366人（2020年2月）。1960年代以降、東京のベッドタウンとして人口が増加し、東葛飾地域の商業拠点として発展してきた。現在は大学や研究所などが集まる文教地区も形成している。（総面積は114.74km^2、小学校：42校、中学校：21校）。

1）C教育長のリーダーシップ

〈教育長の使命〉

　C教育長は、自らの使命を「子供たちが、日々、安全に・安心して学校生活を送ることができるようにすること」、「教職員が、日々、伸び伸びと子供たちの教育に当たってくれるようにすること」に「尽きる」と考えている。

　学力向上を軽視しているわけではないが、C教育長は「学力向上ということについて校長会などで『やいのやいの』言ったことは一度もない」と述べており、教育長の使命としては学力向上を前面に掲げてはいない。それは、「学校が安定していないと学力はつかない。心が育たないと学力は伸びない」のであり、子供が豊かな気持ちで学校生活を送れることが、学力向上の基盤であると考えているからである。

　たとえ問題行動であっても、行為の裏にある子供の心に寄り添っていくこと、また、心に影響を与える子供を取り巻く環境に目を向けて支援するという発想がない限り、子供を支援することはできない、「行為だけをたたいても意味もないし、したくもない」というのが「生徒指導を長くやってきた」経験から形成された教育長の信念なのである。C教育長は、教育における心理的・ソーシャルワーク的支援の重要性を深く認識していると言えよう。

　なお、周南市ではC教育長が就任する前から、今日に至るまで継続して、全国学力・学習状況調査において、小学校、中学校とも平均正答率は全国平均よりも高い状態にある。また、自己肯定感や学習・生活規律、地域行事への参加など心の状況においても、肯定的な回答の割合は全国と比較して高い傾向にある。さらに、特筆すべきは、子供の体力について、かつては全国の平均点を下回る傾向にあったが、1校1取組などの体力向上の取組の成果があらわれ、近年では全国の平均と同程度にまで向上している。これは、「知・徳・体の調和」を重視し、全人格的成長を願うC教育長の姿勢が学校に受容され、成果につながったものと推測できる。

　こうした状態にあるため、周りからの学力向上を重視するよう求める声も少なく、心の教育を重視するという姿勢を貫けるという事情もあるに違

いない。

　C教育長は、「教員が働きやすい伸び伸びとしているということが、イコール、子供が伸び伸びしているということに通じる」と考えており、そのために、「校長がマネジメントをやりやすい体制を作る」ことに留意している。

　このことを強く気にかけるようになったきっかけがある。それは、県教育委員会において義務教育課長や審議監という幹部の立場で、全県の学力向上に向け、「なんとか結果を出さなければ」という状況の下で、トップダウンで取り組んだ帰結を目にしたことである。

　「数値として結果は出た。周りから学力向上、学力向上と言われなくなった」という意味で成果を収めたが、他方では、後ろを振り向いたとき、目にしたのは、「自らマネジメントを考えるということを放棄する校長たちを作ってしまった」。それは「自らが行ったマネジメントの自明の帰結」であり、「もし、自分が行政に再び入る機会があるならば、絶対にトップダウンは止めようと思った」。C教育長は、自らのリーダーシップ経験を反面教師として、自分が理想とするリーダーシップスタイルを確立していったのである[ii]。

〈使命を果たすための教育長の取組〉
　以上のような使命を果たすため、C教育長は、次の3つのことに取り組んできた。

　まず、第1に、「学習環境の整備（ハードとソフト）。特に教員が働きやすく、校長が伸び伸びとマネジメントできるように条件整備する」ことに取り組んできた。

　第2に、「『やいやい』言わない」。C教育長は、「直接、校長会に毎月乗り込んで『ワーワー』言うようなことは一切していない。日々、校長と接しているのは、教育委員会の職員であり、職員を通じて、自分が考えていることが伝わっていく。一人一人の校長と直に話すような機会はそれほどとれない」。そうした経路で伝わっていくため、教育委員会職員との信頼関係は重要であるはずであるが、1日の仕事の大半を占める日々の「さば

き（筆者注：行政の世界で使われる言葉で、発生したり、振られたりした案件を交通整理し、担当者に処理させて案件を解決すること）」の中で、自分の考えが浸透し、それに沿って主体的に動くようになっていく。日々の「さばき」においても、生徒指導と同様に「失敗したことを責めるつもりはない。責任をとるのは僕なんだから。始まったことは終わるんだからという言い方で委縮させないように」している。こうした日々の「さばき」こそが、教育長のリーダーシップがフォロワーに受容される意義ある場面であるに違いない。

　もちろん、「何も言わない」からといっても、「危機管理だけは、トップダウンでやる」。そのために、後ほど述べるように、「情報の一元化と共有」を重視している。しかし、危機管理（生徒指導上の危機管理などは校長に任す）を除いて、意思決定は校長に任せ、C教育長自身は、4つのメタファー（隠喩）で表現される役割遂行に力を注いできた。それらは、「集金屋」、「広報官」、「ごみ箱」、「トイレットペーパー」である。

　「集金屋」とは、納税者、市長、議会の支持を調達して、予算を獲得する役割であり、「広報官」とは、教育長の信念や教師の仕事のすごさ、子供及び教職員の頑張りを議会や住民に伝える役割である。「僕らにできることは、外に向かって教員の頑張りやすごさを広報していくことぐらい。悪いことをしたときだけ教員が報道されるんじゃなくて、教員の頑張りを伝えていく」。インタビュー当日に提供された住民を対象とした講話の原稿においても、教育についてのエピソードを素材として教育長の信念や教員の頑張り、すごさなどが分かりやすく伝えられるよう工夫されていた。

　次いで、「ごみ箱」とは、校長に対するカウンセリング機能のような役割である。「校長は一人ですよね。最後は一人で決めなきゃならない。悩みもあれば愚痴もある。そういうときにゴミを捨てに来る。それは僕だけでなく、部長や課長も含めて、ゴミを捨てに来て、さっぱりして学校へと帰る」。学校の最高責任者としての責任を担う校長の心の応援をしているのである。

　これに対し、「トイレットペーパー」とは、校長が課題に直面した際の業務支援である。「学校では、本当にいろんなことが日々起こるわけです。

そうしたことに校長も悩みますよね。そういう時に、校長のお尻を拭いてまわろうと。もちろん、拭けないこともありますよ。けど、要は、守っていきたい。あったことを無かったことにするんじゃなくて、あったことはあったことにして、マイナスにするんじゃなくてゼロに立ち返って一緒に頑張っていこうや、というイメージで。そういう意味で言葉は適切ではないけれども『トイレットペーパー』という言葉を使っています」というように、失敗などの後始末を積極的に行ってきた。

　そこには、「僕らはもう先がないんで、周りから『やいやい』言われても、頑張っている人たちを応援しないと。いざとなれば、僕らは辞めればいいんだから」という覚悟がある。

　再び、教育長が使命を果たすために取り組んできたことに戻れば、第3に、「情報の一元化と共有」に取り組んできた。「情報は私物ではないよね。子供や子供を取り巻く環境についての情報はみんなが共有しないと。情報を止めた人が責任を取りなさい」という言葉で、情報の一元化と共有を促進してきた。こうしたことに取り組むのは、正しい情報が教育長や校長に伝われば正しい判断ができる可能性があり、事件の未然予防にもつながるからである。そうしたことから、教育長に就任してから、2年間はこのことを徹底して事務局内部に「これだけは言わせてもらった。今は、いろんな情報が入るようになった」。こうした正しく、先を見据えた判断の前提となる「情報の一元化と共有」は、教育長の校長などとの信頼構築のための重要な仕掛けとして位置付けられよう。

　以上の3つの取組のほか、C教育長は「地域が一丸となって、子供たちの教育にあたる『コミュニティ・スクールの推進』を重視してきた。これまでは、部活で縛って優秀な成績をとらせて高校に送り出す、そんな教育をしてきた。子供を学校に閉じ込める教育をして、今のおやじ世代を地域に関わらせてこなかった」。「この地域を支える子供を育ててほしい。子供の教育に関わりたい」という地域住民の思いは「スポイル（筆者注：持ち味を台無しにするという意味）」されてきた。

　「このままでは、地域のために、日本のために汗をかくという人がいなくなってしまう。子供を地域に返していきたい」。「地域を『知る』、地域

の人と『交流』するという段階を超えて、地域を大切に思い地域づくりに携わっている大人たちに『あこがれる』という段階を全員でなくても数人でも到達する仕組みを作らなければならない」。そうした「地域総ぐるみ」で子供を育てることによって、子供は「地域でなければできない経験」をすることができる。

　地域と学校が離れ、地域のつながりが喪失していった時間の長さを考えれば、「地域総ぐるみ」の教育を創造するには、「50年かかる」。しかし、「スポイル」されてきた地域住民の力を引き出す上では、まずは「コミュニティ・スクールという制度を使って、学校が仕掛けていくこと」、そうすれば「地域は動く」、これがC教育長の考え方である。

　以上のようなC教育長による強い使命感に基づいた取組は、まさに、サーバント・リーダーシップ（ミッションを実現するために校長や教職員の主体性を引き出す）と言えるものである。

　2020年2月27日（木）に開催された新型コロナウイルス感染症対策本部において、安倍晋三総理は、全国全ての小学校、中学校、高等学校、特別支援学校について、3月2日から春休みまで臨時休業を行うよう要請するという方針を示した。この方針は、全国の教育委員会や学校に早急に対応を求めることとなったが、周南市では、翌28日に学校行事についての対応に加え、共働き家庭や日中の保育が困難な家庭を配慮し、各小学校の教職員と児童クラブ職員が協力し、学校での平日預かり保育を行うというスキーム（枠組み）を決定した。こうした決定に、校長会もリーダーシップを発揮し、「教育委員会が言わなくても先を考えて動いてくれ、校長連中のすごさを改めて実感したし、僕たちが作りたかった組織はこういうものではなかったかと思わせるような出来事」であった。

　こうした出来事は自然発生的に起こったものではなく、「子供たちが、日々、安全に・安心して学校生活を送ることができるようにすること」という使命を果たすため、フォロワーの主体性を引き出すという取組を継続して行ってきたからこそ発生したものであるに違いない。

２）Ｄ教育長のリーダーシップ

〈教育長の使命〉

　Ｄ教育長は、自らの使命を「マチの教育の活性化」と捉えている。ここでいう教育とは、学校教育に限定されない。学校教育・社会教育における各種の教育機関・主体が、それぞれ主体的に行動することに加え、市全体の教育の充実に向け相互に連携することを通じて、マチ全体の教育が活発に行われるよう促進することが、Ｄ教育長の考える教育長の使命である。このように教育を教育機関・主体単体で捉えず、ネットワークとして捉える発想こそがＤ教育長の特徴と言える。

　Ｄ教育長は、北海道教育委員会の指導主事（教育局生涯学習課長も経験）時代に教育長訪問や学校訪問を数多く行う中で、市町村間の「マチの教育の活性化」の違いを実感してきた。こうしたことから、平成23（2011）年に名寄市の教育長に就任した際にも、「教育長の使命はマチの教育の活性化しかない」と思い、就任以降10年間にわたり使命の実現に努めてきた。

　さらに言えば、Ｄ教育長は、名寄市というマチも、単体で捉えていない。市内の研究会を他の市町村に公開するなど、上川管内（道内に14ある教育局管内の一つ）の中心的なマチの一つとして、管内全域の教育の充実を図るという視点も有している。

　「マチの教育の活性化」によって達成される学校教育の成果として想定されているのは、確かな学力、豊かな心、健やかな体のバランスのとれた力、すなわち、「生きる力」である。

　Ｄ教育長が教育長に就任した時期は、全国学力・学習状況調査において平均正答率が全国平均より低いという状況が続いたことを受け、北海道教育委員会による学力向上に向けた各種の事業が重点的に進められるようになった時期と重なる。Ｄ教育長は、それらの事業のうち、「学校力向上に関する総合実践事業」を核として、「マチの教育の活性化」に取り組むこととなる。

　しかし、Ｄ教育長、そして、名寄市の校長たちも、「『生きる力』から、学力だけを取り出して大きくしようとする」ことには反対であり、**図1**の

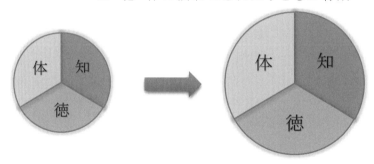

知・徳・体の調和のとれた子どもの育成

図1　D教育長が考える学力向上の在り方（D教育長作成）

ように、「知・徳・体をバランスよく育む教育実践を行うことを通じて、全体が大きくなることによって学力を向上させていく。デコボコになってはいけない」と考え「生きる力」の育成を目指してきた[iii]。

　こうした「マチの教育の活性化」を通じた「生きる力」の育成という使命を果たすために、D教育長が重視してきたのが「市内全教職員の英知の結集」である。D教育長は、指導主事として多くの「マチを歩く」中、次のような構想をもつようになった。

　「各学校の先生方というのは、各学校の教育を通してマチの教育に貢献してますよね。きっとそういう市町村がほとんど。しかし、ちょっと、その枠を破って、マチとして大きなテーマを作って、学校という枠組みを外して、一体となって、そして、そこのマチの教育を充実させるというのをやってみたいと思ってました」。「教職員は、学校のために全力を尽くす。しかし、マチ全体の教育をどうするかということについても一丸となってとりくんでいく、そこが、大事だろうと。そのことがマチ全体の教育の活性化にも、各学校の教育の活性化にもつながっていく」。

　つまり、D教育長が「市内全教職員の英知の結集」という言葉で表現したものは、全ての教職員に学校内のリーダーシップの発揮に加えて、学校という枠を超えたリーダーシップを発揮してもらおうという期待を示した言葉なのである[iv]。「先生方の英知を結集して、市全体でできることと、学校でできることを区分して取り組んでいく。そのことが生きる力につなが

る」と考えたのである。

　そうした構想を実行する上で学校数13校、教職員数200名という名寄市は「マチが一丸となるにはちょうどいい規模」であった。そこで、教育長を頼まれた際、「市内全教職員の英知の結集」による「生きる力」の育成という構想の実現を「ぜひやってみたい」と思い、校長会と相談して進めてきた。

〈使命を果たすための教育長の取組〉

　以上のような使命を果たすため、D教育長は、次の２つの理念を大切にしてきた。一つは、「学校と教育委員会の一体化」である。そのために、「学校と教育委員会との信頼関係の構築」、「学校と教育委員会によるビジョンや目標の明確化と共有化」、「学校と教育委員会との協働体制の確立」という３つに取り組んできた。もう一つは、「改革意識の醸成」である。

　D教育長は、「学校と教育委員会の一体化」を図るための３つの取組、すなわち、信頼を構築し、ビジョンや目標の明確化と共有化を図り、役割分担をして取り組むという「組織マネジメント」[v]の重要性は、学級経営、学校経営並びに教育長の経営においても共通するという。

　それらの中でも、最も重要なのが校長との信頼関係の構築である。D教育長においても構想を実現する上で最も苦労したのは信頼関係の構築だという。「最初の１、２年は大変でしたけれども、信頼関係ですね。来たばっかりですから自分の考えをお話ししながら、校長もいろんな考えありますから、話し合って。私が教育長として来たのは59歳で市内の年配の校長先生方と同世代であり、同じ歴史的歩みをしてきてますんで、理解を得られて」、「『やりますか』という私の呼びかけに『やりましょう』と応えてくれた」。

　「一人一人の校長先生には個性があって。それを丸ごと受けとめるといいますか。その先生にあったことをやっていただいて、そして、称える。全ての校長に同じような当たり方をして、いいところを生かしていこうというのが勝負。それは大事にしています。学級経営と同じ。大人ですから、

酒飲んだりしながらいろいろしないといけないけれども」というように、D教育長は、全ての校長を平等にかつ個性に応じて対応をすることを心掛けてきた。こうした日頃の心掛けによって信頼関係が構築されていくのだろう。

　ビジョンや目標の明確化と共有化を図り、役割分担をして取り組むために、D教育長が採り入れたのが「名寄市教育改善プロジェクト委員会」の設置である。これは、北海道教育委員会の「学校力向上に関する総合実践事業」を核として取り組んだ取組である。

　この事業は中心となる「実践指定校」とそこでの研修会等に参加して成果を積極的に取り入れる周辺の「近隣実践校」を指定し、数校の学校でネットワークを形成し、包括的な学校改善に取り組むというものである（中澤2016）。本事業が開始する時期にD教育長が名寄市に着任し、北海道教育委員会勤務経験があることから、「実践事業をやってくれないか」と声がかかった。

　しかし、こうした数校の学校を単位とする取組は「やり方によっては失敗する。指定を受けてない学校が蚊帳の外のようになってしまって、例え、成果が見られても指定を受けたからだという見方をされてしまう」という考えから、市内の全小中学校の校長と教頭、各学校から選出された数十名の教員で構成する「プロジェクト」を立ち上げ、「マチ全体の教育の活性化」に取り組むこととした。いわば、北海道教育委員会の枠組みを自らのビジョンに即してアレンジし事業に取り組んだのである。この「プロジェクト」は、第一次（平成24（2012）年〜28（2016）年）、第二次（平成29（2017）年〜31（2019）年）、第三次（令和2（2020）年〜4（2022）年）と継承され、それぞれの時期の課題に適合した研究内容を設定して、継続的に取り組まれてきた[vi]。

　こうした「プロジェクト」は「校長・教頭に全て預けてますから。最初のうちだけ私も入って議論しますけど、形だけできたら全て任せる。任せるということは責任を持ちますから。強くあれやれこれやれというと『やらされ感』が強いということは嫌と言うほど分かってますから。校長は『やる』と決めたらすごい勢いでやってくれる。そこが勝負だと思いま

す」というように、運営の主体は校長・教頭である。しかし、それは、「野放しでもない」。「ボトムアップ8割、トップダウン2割のパートナーシップ」と言えるものであり、「自分でやってしまうのは危険。出過ぎたなと思うこともあって。最初は試行錯誤でしょうね」というように間合いが重要なのだろう。

こうした信頼関係の基盤にあるのが「子供たちへの愛情。きれいごとになるかもしれませんが子供たちのために頑張る。それしかない。先生がたはそのことに文句を言う人は誰もいないですから。だから、子供たちのために頑張るぞというのはいつも校長先生方に訴えていますね」という。

D教育長は、自ら校長のリーダーシップの発揮を促進しつつ、校長たちには「若い先生を活かしてほしい」というメッセージを伝えてきた。「プロジェクト」を立ち上げ、「生きる力」の育成に取り組む中で、最初に成果が見られた学校の取組から学び、いい意味で切磋琢磨し合う若い先生たちが出てきたときには「しめたもの」と思った。ここには、校長の意識改革が、教職員の意識改革へ通じ、最終的に子供たちの変容に結びつくという連鎖が想定されている。「先生の気持ちをいかに掴むか。いかに改革意識に火をつけるか」が「生きる力」育成の起点なのである。

これまで述べてきた「学校と教育委員会の一体化」や「改革意識の醸成」に加え、D教育長が重視してきたのが、幼保・小・中・高・大学・地域の連携である。D教育長の下、名寄市教育委員会ではこうした教育主体間の具体的な連携の取組や社会に開かれた教育課程に生かす人材・施設・事業一覧をそれぞれ1枚の紙に可視化し、連携を促進する取組を進めている。なお、名寄市には名寄市立大学があり、D教育長は同大学との連携による特別支援教育の取組にも取り組んできた。

また、8年ほどかけて「コミュニティ・スクール」と「小中一貫教育」の実現にも尽力してきた。「私も出向いて直接話をして理解してもらって」、こうした取組を進めてきた。さらに、地域を巻き込んだ児童・生徒主体の「名寄市小中高いじめ防止サミット」を毎年開催し、名寄市全体で教育に取り組む風土の醸成に取り組んでいる。

こうしたD教育長のリーダーシップの下、名寄市の学力は教育長が就任

して2年後（小学校）、3年後（中学校）以降、ほぼ毎年、平均正答率が全国平均と同等以上と改善された。また、「自分には、よいところがあると思いますか」という質問に対する回答も毎年のように数値が上昇し、体力・運動能力も改善傾向にある。こうしたデータを可視化し、公表することによって、「先生方も、やる気が出てきて、次やろう。次やろうという気になる」。教職員は「プロジェクト」に取り組むことによって持続的な改革意欲が引き出されているのである。

　D教育長は「いろんな人の力を引き出すというよりも、力を借りないと子供の生きる力は育めない」ことを自覚している。D教育長は、全ての教職員に学校内のリーダーシップの発揮に加えて、学校という枠を超えたリーダーシップを発揮してもらうことに成功していると言えよう。こうしたD教育長のリーダーシップが、名寄市の子供たちの「生きる力」の育成につながっていると考えるのは不自然なことではない。

3）E教育長のリーダーシップ

〈教育長の使命〉

　E教育長は、自らの使命を「教育現場を支える」ことだと考える。長年の教職経験があり、最後の4年間も含め校長を6年間務め、教育現場の苦労は知っていた。また、校長や教育委員会の学校教育部長という立場で様々な教育長と仕事をした中でも、「現場を支えていくんだ」と言葉にしていた教育長には特に共鳴したという。しかし、E教育長が改めて「いちばん大変なのは教育の最前線にいる学校現場」だという思いを強くしたのは、校長を定年退職した後、家庭裁判所の調停委員を務めた経験を通してだった。「自分なりに非常に勉強になった」と話すように、調停委員としていろいろな人に出会い、学校や親の大変さを見聞きしながら、教育現場の苦労を再認識することとなった。その思いを礎に教育長に就任して以来、「子供たちの『学ぶ意欲と学ぶ習慣の育成』を図り、将来にわたって『学び続ける力』を育てる」ことを目標に、「教育現場を支える」ことを使命として職務にあたっている。

　E教育長は校長に、「自分の考えをもって学校経営を進めていくことがいちばん大事」だと伝えている。校長が自らやりたいことを考え、その実

現のために必要なものは教育委員会が支援する、というのがE教育長のスタンスである。学校経営に関して、E教育長は組織マネジメント[vii]の考え方を強く意識している。定年退職後に調停委員とは別のもう一つの仕事として、柏市教育研究所で新任校長・新任教頭の研修を担当していた際に、研修内容の見直しを行い、新たに組織マネジメントの考え方を取り入れることになった。以来、その考え方に触れながら、教職員、そして特に校長が自分の考えをもって学校経営を行うことが重要だと考えるようになった。

　校長の自主性を重視するからといって、E教育長は校長から要望が上がってくるのをただ待つわけではない。校長には、自らの構想や企画を練るための手がかりや筋道も教示している。それは具体的には、まず各学校、各地域の子供たちの実態把握からスタートすること、その実態把握の上で目の前の子供たちをどのように変えていこうかという目標を設定すること、目標と実態のギャップを埋めるための方策について学校全体で共有することである。

　もう一つ、E教育長が校長に伝えているのは、「まちづくりの基礎としての教育」という考え方である。この考え方は柏市の目標としても掲げられているが、意外にも校長には知られていなかった。現実問題として、教育においてやりたいことを実現するには、予算と人材の確保が必要である。義務教育を充実させることで子育て世代の定住人口が増加すると、街が活気づくのはもちろんのこと、義務教育をさらに充実させるための予算や人材の確保にもつながることが期待される。E教育長は、目の前の子供たちのために日々取り組んでいる教育が、子供たちを変化させるだけでなく、街づくりにもつながることを校長に理解してもらうことが有意義だと考えた。

　E教育長は自身の校長経験からも、「校長に任せる」こと、「校長が考えたことを尊重する」ことの重要性を実感してきた。「任せれば、それなりに考えて動くし、それなりに判断していく」。そのため、校長会が議論して判断した結果は、最大限尊重しているという。これは教育長の「一存で、あるいは上から目線でことを進めるのはある意味では簡単」だが、「その調子でやっていくと学校現場が判断をしなくなってしまう」という弊害が

生まれるからである。

　判断できる学校現場は、子供たちの課題に遅滞なく対応するにはどうしても必要である。まさに今、新型コロナウイルス感染症対策として、校長はその場その場で前例のない対応を迫られている。そういったときに、その都度教育委員会に伺いを立てていたのでは、実行に移すまでに時間がかかってしまう。そこで、E教育長は校長に判断基準だけを伝え、具体的な判断は各校長に任せることにした。確かに対応の良し悪しに学校間で差は出るが、各学校はそれなりに工夫しているという。

　校長の判断を最大限尊重するE教育長であるが、どのような課題も校長に一任すればよいと考えているわけではない。例えば、学校では日常的に様々なことが起きるが、それが特に深刻化した場合の危機対応を、校長をはじめとした現場の教職員だけに背負わせるのは難しいと考えている。専門家で構成される第三者委員会や検証委員会などを教育委員会あるいは市長部局に置くなど、組織改革を通じて教育現場を支える必要性も感じている。また、新型コロナウイルス感染症対策に取り組む中で改めて「学校教育の担うものの多さ」が見えてきたという。「学び、保育、DV、さらには子供の食の提供まで学校、教育委員会が担い始めて」いる中で、「『子供部局』のような部を設置し縦割りを超えた人づくりをする必要がある」という思いが生まれている。教育現場をよりよく支えるために教育長として何ができるか、教育以外の世界にも目を向けて研鑽を積みながら、考え続けている。

〈使命を果たすための教育長の取組〉

　ここまで見てきたように、「教育現場を支える」ことを使命とするE教育長のリーダーシップは、校長のリーダーシップを支援する方向で発揮されていることが分かる。校長が自らの考えをもち、教職員と一体となって子供たちや学校の課題に立ち向かうことを可能にするため、E教育長は具体的にどのようなことに取り組んでいるだろうか。大きく分けると、一つには、教育現場の構想や企画の尊重と支援、そのための教育現場との信頼関係の構築がある。もう一つには、教育現場の構想や企画の実現に必要な

後ろ盾を得るための、市長部局との連携や市民への広報がある。

　各学校が自らの課題の特定と、その解決に向けた取組計画の策定を行い、その実施を教育委員会が様々な形で支援する仕組みとしては、2013年度から実施している「学びづくりフロンティアプロジェクト」がある。児童生徒の「学ぶ意欲と学ぶ習慣」の育成を図ることを目的としている。E教育長は、教育長就任前に柏市教育研究所で新任校長・新任教頭の研修を担当していた際に、このプロジェクトの立ち上げに携わった。当時、教職員がどこを向いて仕事をしているのか、「学校の一体感」に疑問をもったことがあり、「学校内で教職員が同じベクトルで仕事をすれば、一定の成果が上がるのではないか」という想定の下で推進してきた。E教育長は校長時代にも、学校に課題があるときにはプロジェクトを立ち上げ、「やってみて、検証してみて、もしうまくいかなければ次の一手を考える、ということで学校経営をしていた」と話す。

　「学びづくりフロンティアプロジェクト」の一環として、2018年度からは、「算数科授業力向上事業」も実施している。このプロジェクトでは、それまで十分に分析されてこなかった、柏市独自の学力・学習状況調査の結果を改めて網羅的に分析することにした。そこから算数で子供たちがつまずきやすい内容を把握し、その原因を探ることで、教員が新たに市費で配置する算数支援教員と連携しながら、指導方法の改善、すなわち「分かる授業づくり」に取り組むことを目指している。

　柏市全体としては、全国学力・学習状況調査において児童生徒の学力、自己肯定感、規範意識、授業への取組の面で、全国平均と比べておおむね良好、あるいは多少下回るものがあっても特に大きな問題を抱えているわけではない。それでも、低学力に悩む学校もあれば、生徒指導の困難な学校もあるというように、学校ごとに異なる課題に直面しているため、教育委員会は各学校の要望に応じて必要な人員配置を行ってきている。

　E教育長は、児童生徒や学校の実態把握や、取組の成果を検証することを重視し、定例の校長会議や校長研修会の場では、「お金をかけて教育活動をやっている以上は、検証をすることも大事だ」と話している。これは現職の市長とも共有している考えである。成果の検証を推進することは、

ともすれば、教育現場に一定のプレッシャーを与えるのではないかと警戒される可能性もあるかもしれない。確かに、人員を配置したり、物品を購入したりしても、結果的に成果があがらなかった場合には、そのことを口にしたがらない校長も多い。しかしＥ教育長は、「それはそれでかまわないから、何かやってうまくいかなかったら、そのことを報告してほしい。お互いにうまくいかない原因を探っていこう」と伝えている。この言葉には、実態把握や検証は、思うような成果を得られない場合に校長や教育現場だけが責任を取るためではなく、教育委員会と協力してより有意義な取組を模索するためだという趣旨が表れている。このことは時間がかかっても理解を得るよう努めているが、現在の校長の半分ほどは、Ｅ教育長が新任校長研修で教えていた世代であり、だいたい理解してもらっている実感があるという。

　Ｅ教育長は、できる限り教育現場に足を運び、自分の目で見ること、そして校長や教職員と直接話をすることも大切にしている。柏市教育委員会が所管する小中高等学校は全部で64校あり、教育長という立場では、校長全体に向けて話をする機会は多くあっても、校長一人一人と話す機会は意外と少ない。そこで、夏季休業中などに学校を一校一校訪問し、校長や教職員の話を直接聞くようにしている。校長が不在の場合でも、教育長が校舎を一巡し、日直の教職員から話を聞いたことは必ず校長に伝わる。実際、学校を回り、校長と直接話すと、学校で困っていることを声にするそうである。それが例えば施設面のことであれば、その日、教育委員会に戻ったらすぐ施設担当課に直接伝える。施設担当課も、教育長から聞いたと言って学校に連絡する。そうしたことの積み重ねで生まれる「つながり感」を大事にしていると話す。

　教育現場がそれぞれの課題に対応する際に、必要に応じて外部人材を活用することについても、Ｅ教育長は校長の構想や企画を尊重している。柏市では長年にわたりICTに力を入れてきたが、ICT教育やプログラミング教育には外部人材も参画している。校長や教職員が自主的に参加する勉強会などを通じて開拓した人脈で、協力を得られる人がいれば、積極的に協働することを推奨している。いじめ対応アプリ（匿名で報告・相談が可

能）の「Stop it」の導入も、教職員自らの学びと企業との連携によって実現したものである。また、体育や水泳指導においても、専門的な指導に長けた外部人材の活用を推進している。

　このようにE教育長は、校長がリーダーシップを発揮し、教職員や外部人材を巻き込みながら学校経営を行うことを支援している。しかし、校長の構想や企画を実現するには、やはり予算が必要である。教育予算の確保に向けて、E教育長は教育について市長部局の理解を得るために積極的に動いている。具体的には、教育現場、会議、プロジェクトの発表会などに、市長部局の財政部長や企画部長に参加してもらい、「学校が何をやっているか、学校が何に困っているか」をできるだけアピールしている。市長にもできる限り学校に足を運んでもらい、教職員や児童生徒と話す機会を設けている。また、教育委員会の指導主事や管理主事（教員経験者）とも話し、今何が足りないのかを聞いてもらう機会も設けている。年月はかかるが、こうしたことを続ける中で、最終的に市長の口から「学校現場は大変だね。学校には人が必要だし、モノも必要だ」という声が聞けるようになり、現在では、教育委員会の要望する予算に理解を示してもらっている。一方、校長をはじめとした教職員に対しても、先ほど述べたように「まちづくりの基礎としての教育」の考え方を理解してもらうことに加え、市の施策の概要版を配布して情報提供を行っている。こうした取組により、市長部局と教育現場の相互理解を促進している。

　もう一つ、E教育長が教育現場を支えるために重視し、実行しているのは、市民や保護者への広報活動である。独自のリーフレットや広報誌の別冊を作成し、教職員の1日や教育環境に関する情報などを盛り込み、教育や学校のことを知ってもらうよう努めている。また、新しい住民の多いエリアでは、ショッピングモールの空きスペースを利用してプログラミング教育の模擬授業などを開催し、柏市の公立学校が実践している教育についての理解を広めている。校長にも「広告塔」として、学校での取組を積極的に発信することを期待している。

　市民や保護者の中に理解者が増えれば、学校や教育への要望もより建設的なものになるだろうし、学校や教育に協力したいと思う人々も増えるだ

ろう。そしてそのことは、間違いなく教育現場の助けになるはずである。新型コロナウイルス感染症対策で休校期間中に、柏市では映像教材を作成することにした。このことを保護者に向けて発信した翌日には、保護者の一人でもある映像の専門家が、撮影などの協力に名乗りを上げた。E教育長は、「いろいろなことを発信していくなかで、いろいろな人が学校に入ってきて、協力してもらっているというのが現状」だと話す。

　このようなE教育長による取組は、「教育現場を支える」という使命に基づいたサーバント・リーダーシップの実践例である。このように、夏休みの学校訪問をはじめ、校長らの話を傾聴し、かつ要望などに対して真摯に対応することは、学校現場との信頼関係につながっている。加えて、校長や各学校の自主性を尊重した学校経営を促しており、新型コロナウイルス感染予防に際して、卒業式に保護者の参列の可否について学校現場の意見を尊重した点は顕著である。

　もちろん学校のみにその責任を押し付けるわけではなく、結果を検証し、課題を共有していく中で、共に学ぶ機会・環境の醸成を図っている。加えて、学校現場と市長部局との対話の機会を設けることは、互いに協力して目標を達成する環境づくりであり、ひいてはまちづくりであるため、双方の主体性をより効果的に発揮できる環境の醸成へとつながっている。

3．まとめ

　前節では、インタビュー調査に基づき、サーバント・リーダーシップを発揮している3名の教育長の取組事例を紹介・分析してきた。そこで、本節では、サーバント・リーダーシップの3因子（愛他的使命、情緒的安定、説得的図解）の視点から、3教育長が発揮するリーダーシップの特徴や行動についてまとめてみたい。

　サーバント・リーダーシップを発揮している3教育長の特徴や行動を整理したものが**表5**である[viii]。

1）教育長の使命

　まず、教育長の使命について検討する。3名の教育長には多くの共通点が見られる。第1に、D教育長とE教育長の共通点として、「まちづくり

表5　3人の教育長のリーダーシップの特徴や行動

	教育長の使命	使命を果たすための取組
C教育長	・子供たちが、日々、安全に・安心して学校生活を送ることができるようにする。 ・教員が日々、伸び伸びと子供たちの教育にあたることができる環境をつくる（＝子供が伸び伸びしているということに通じる）。 ・校長がマネジメントをやりやすい体制をつくる。	・学習環境（ハードとソフト）を整備する。特に、教員が働きやすく、校長が伸び伸びとマネジメントできるように条件整備する。 ・学校が委縮し、混乱するような余計な口出しをしない。 ・情報の一元化と共有を図る。 ・コミュニティ・スクールを推進する。
D教育長	・マチの教育を活性化する。	・学校と教育委員会の一体化を図る。 ・教職員の改革意識を醸成する。 ・幼保・小・中・高・大学・地域の連携を強化する。
E教育長	・教育現場を支える。 ・「まちづくりの基礎としての教育」という方針を伝える。	・教育現場の構想や企画を尊重・支援し、そのための教育現場との信頼関係を構築する。 ・教育現場の構想や企画の実現に必要な後ろ盾を得るために、市長部局と連携し、市民に広報する。

としての教育」がある。教育長の関心の多くは、学校教育に向けられる傾向があるが、両教育長は、まちづくりのための教育やまち全体の教育の活性化に自身の使命を求める。これは、子供のみならず、地域住民に対する愛他的使命を有していることの表れと言える。そして、C教育長も同様の使命を有していると解釈され得る。**表5**の左欄には、直接の表現はないものの、C教育長の取組の一つに、コミュニティ・スクールの推進がある。「このままでは、地域のために、日本のために汗をかくという人がいなくなってしまう。子供を地域に返していきたい」という語りにあるように、まちづくりを視野に入れた子供の育成を志向していることが分かる。

　第2に、特に、C教育長とE教育長の共通点として、教員が伸び伸びと子供たちの教育にあたることができる環境をつくる（C教育長）、教育現場を支える（E教育長）という管理職や教員にとって働きやすい環境づくりがある。これは、情緒的安定の因子と言える。つまり、教育現場で働く

校長や教員にとってより良い環境をつくるために、傾聴姿勢による校長や教員との対話を重視し、そこから信頼関係の醸成を図ろうとしているのである。

第3に、3教育長の語りに見られる学校教育に関する共通する基本的な姿勢は、学校現場の主体的・自律的な活動を尊重・支援することによって、子供の学力の向上という重要な目標を達成しようとしていることである。3教育長は、学力向上に対する過度な目標設定や期待は、校長や教員が、教育長や教育委員会の顔色をうかがい、失敗を恐れるような消極的・防衛的な雰囲気が優勢となり、結果として、学校現場を委縮させる危険性があると捉えている。そのような事態に陥ることを回避し、学校現場が主体的・自律的に活動することを大切にしている。この点も、情緒的安定の因子と言い得るであろう。

以上、教育長の使命について3教育長の共通点という観点から見てきたが、焦点の当て方や強調の程度という点での差異はあるものの、サーバント・リーダーシップにおける愛他的使命と情緒的安定の因子に特徴づけられる使命（感）を有していることが明らかとなった。

2）使命を果たすための取組

次に、先に示した教育長の使命を果たすための取組について検討する。特に、3教育長の取組の内容がサーバント・リーダーシップのどの因子に特徴づけられているのかに注目する。

まず、C教育長の取組について述べる。C教育長は、教員が働きやすく、校長が伸び伸びとマネジメントできるような条件整備に注力する。そのため、校長や教員に対して、「やいやい」言うことを避け、特に、校長に対しては、4つのメタファー「集金屋」「広報官」「ゴミ箱」「トイレットペーパー」で表現される役割遂行による支援的取組を行う。それぞれは、予算の獲得、校長・教員・子供のがんばりやすさに関する情報の議会や住民に対する広報活動、校長に対するカウンセリング、校長が課題に直面した際の業務支援であり、C教育長自身が学校関係者の最大の応援者と言える。ここに、情緒的安定、さらには説得的図解の因子が看取できる。また、C教育長は、情報の一元化に努める。教育委員会事務局—教育長—校

長との情報の一元化と共有によって、教育長と校長双方にとって、それぞれの立場での先を見据えた判断が可能となり、結果として、教育長と校長との信頼関係の構築につながることを想定している。ここからは、情緒的安定の因子が見て取れる。そして、信頼関係の構築によって、Ｃ教育長が有するビジョンとそれを達成するための方策等が校長と共有されるのである。換言すると、このプロセスは、校長の主体性を引き出しながら、Ｃ教育長の取組に自然と校長を巻き込んでおり、説得的図解の因子とも解釈できよう。最後に、先述したように、Ｃ教育長は、まちづくりを視野に入れた子供の育成を志向し、「スポイル」されてきた地域住民の力を引き出すために、コミュニティ・スクールという制度の推進に注力する。学校が地域に仕掛けることで地域が動くというＣ教育長の考えは、まさに、ビジョンの実現に向けて、学校だけでなく、地域を子供の教育やまちづくりに巻き込むといった説得的図解の因子が具現化されたものと言えるだろう。

　次に、Ｄ教育長の取組について述べる。先述したように、Ｄ教育長の使命（感）は、「マチの教育の活性化」にある。Ｄ教育長は、その使命が、子供に、確かな学力・豊かな心・健やかな体のバランスのとれた「生きる力」を育成するという教育成果を想定している。そのため、Ｄ教育長は、「学校と教育委員会との一体化」と「改革意識の醸成」という理念を掲げ、学校と教育委員会との信頼関係の構築、学校と教育委員会によるビジョンや目標の明確化と共有化、学校と教育委員会との協働体制の確立に取り組んでおり、その象徴的な取組が、「名寄市教育改善プロジェクト委員会」である。本委員会では、市内の全小中学校の校長、教員、各校から選出された教員で構成する「プロジェクト」方式を採用している。本方式によって、本事業が全市的な取組となり、「マチ全体の教育の活性化」につながっている。つまり、教育委員会と学校、学校同士が一体となって本事業を進めることによって、Ｄ教育長の理念が校長だけでなく教員にも理解・共有され、校長や教員の意識改革につながっているのである。そして、意識改革は、子供たちの変容に結びついていくのである。Ｄ教育長は、「ボトムアップ８割、トップダウン２割のパートナーシップ」と指摘するように、ある程度の関わり・介入はしつつも、校長や教員を信じ、任せている。

特に、校長に対しては、全ての校長を平等かつ個性に応じて対応することによって、校長との信頼関係を構築している。以上の取組から、D教育長のリーダーシップには、情緒的安定と説得的図解の因子が見て取れる。また、D教育長は、幼保・小・中・高・大学・地域の連携を強化する取組にも注力する。コミュニティ・スクールや小中一貫教育の導入、名寄市小中高いじめ防止サミットの開催などを通して、名寄市全体で教育に取り組む風土の醸成を図ることは、まさに、D教育長の使命である「マチの教育の活性化」そのものであると言える。名寄市の全住民に対する愛他的使命の因子が明確に見て取れる。

最後に、E教育長の取組について述べる。先述したように、E教育長の使命（感）は、教育現場を支えることである。そのため、E教育長は、校長に、「自分の考えをもって学校経営を進めていくことがいちばん大事」と伝え、校長のリーダーシップを支援することに注力する。支援の内容は、教育現場の構想や企画を尊重・支援し、そのための教育現場との信頼関係を構築することであり、それらを具現化するための仕組みの一つが「学びづくりプロジェクト」である。教育委員会による実態把握や取組成果の検証、すなわちエビデンスに基づき、各学校の要望に応じて、市費算数支援教員の配置や専門的知識・技術・指導力を有する外部人材の活用を促進するなど、人的支援を行う。そして、E教育長は、学校数の多さにもかかわらず、年間を通して全ての学校を訪問し、校長や教員の話を直接聞き、学校の状況や困り感に関する情報を収集する。得られた情報に基づき諸支援を行うことによって、E教育長と校長や教員との「つながり感」が醸成され、信頼関係が構築されるのである。また、E教育長は、自身の使命を果たすための取組として、教育現場の構想や企画の実現に必要な後ろ盾を得るために市長部局と連携し、市民に広報することに努める。具体的には、市長や部長クラスの市長部局職員に教育現場等に参加してもらい、指導主事、校長や教員、さらには子供と直接話す機会を積極的に設けている。その結果、市長の理解を得て、教育委員会の要望する予算のほとんどを獲得できている。さらに、教育現場の実情を広く保護者や市民に知ってもらうためにリーフレットや広報誌を作成し、市民向けの教育プログラムのデモ

ンストレーションを行っている。以上のようなE教育長の取組から、愛他的使命、情緒的安定、説得的図解の全因子が明確に見て取れる。

　以上、3教育長のサーバント・リーダーシップの実相を見てきたが、いずれの教育長とも、程度の差はありつつも、3つの因子全てが見て取れた。総括的に述べるならば、3教育長とも、リーダーとしてビジョンを示した上で、自らも行動しつつも、一方では、校長や教員を信頼し、任せ、主体的・自律的な思考や行動を期待し、支援していた。また、そのような教育長のサーバント・リーダーシップの発揮は、校長や教員による分散型リーダーとしてのリーダーシップの発揮を促していた。その結果、3自治体とも、学力について、高い水準の維持や向上といった効果を見せていた。この点から、本章冒頭で示した教育長の学力向上への間接効果モデルの妥当性が支持される事例であると言えよう。また、子供の幸福度という点から見た場合、3教育長とも、「まちの子供」にとっての最適な学習環境・学校生活環境を整えることを重視していた。その結果、子供が「この学校で」「このまちで」学ぶことに喜びを感じられるような学校文化が醸成されている事例とも言える。さらには、そのような幸福度（幸福感）は、子供だけでなく、学校関係者や地域住民など、まち全体に広がっていることが推察された。

　本稿執筆時点（2020年7月）は、日本や世界で新型コロナウイルス感染症が大流行し、国民の命や健康、教育・社会・経済等の諸活動に甚大な悪影響を及ぼしているただ中である。教育セクターに関して言えば、高水準の危機状況における教育長のリーダーシップのありようが問われている。この点から3自治体の状況を見ると、3教育長とも、強力かつカリスマ的教育長（という側面もあるかもしれないが）として「引っ張る」リーダーというよりも、「引き出す」「支える」「促す」リーダーとして、校長や教員を育ててきたことの結果として、各学校は、それぞれの発想や方法で危機的状況を打開し、創造的な学校経営・教育活動を実践していると言えよう。

i　この調査は本山敬祐（東北女子大学）をリーダー、志々田まなみ（国立教育政策研究所）を
　事務局とし、柏木智子（立命館大学）、諏訪英広（兵庫教育大学）、福本みちよ（東京学芸大
　学）、生田淳一（福岡教育大学）、藤平敦（国立教育政策研究所）、佐久間邦友（日本大学）、
　川口有美子（公立鳥取環境大学）によって行われた。肩書は当時のものである。
ii　こうしたリーダーシップスタイルの転換は、県教育委員会時代のリーダーシップスタイルが
　間違っていたということを意味しない。リーダーシップはリーダーを取り巻く文脈に依存す
　るからである。
iii　こうした考え方は、北海道の教育関係者に広く共有されていると考えられる（読売新聞北
　海道支社2013）。D教育長の革新的取組が校長等教育関係者に受容された背景には、こうした
　北海道の教育風土を共有・尊重しつつ進めたことがその理由の一つとして考えられる。
iv　学校という枠を超えてリーダーシップを発揮するという点では、英国を中心にOECD加盟
　国で注目されている「システムリーダーシップ」と共通性が認められる。この「システムリー
　ダーシップ」については末松（2019）を参照。
v　D教育長は「組織マネジメント」に関して、牧昌見元国立教育政策研究所名誉所員の考えに
　影響を受けたという。
vi　10年にわたり、「プロジェクト」を継続すると「人事異動によって先生方に趣旨が浸透しな
　いという状態が生まれることもある。そんなときには校長たちが立て直すようなこともして
　きた。教育長の考え方は核になっている校長方がつないできてくれた」という。
vii　E教育長は「組織マネジメント」に関して、木岡一明名城大学教授の考えに影響を受けた
　という。
viii　2節で使用された表現等を一部改変している場合がある。

〈参考文献〉

生田淳一（2019a）「ウ　聞くコミュニケーションから始める組織を動かすリーダーシップ—玖珠
　町教育委員会—」国立教育政策研究所『「次世代の学校」実現に向けた教育長・指導主事の資
　質・能力向上に関する調査研究報告書』pp.112-115
生田淳一（2019b）「ク　人材育成を意識したマネジメントで教員のモチベーションを高めるリー
　ダーシップ—基山町教育委員会—」国立教育政策研究所『「次世代の学校」実現に向けた教育
　長・指導主事の資質・能力向上に関する調査研究報告書』pp.132-135
読売新聞北海道支社（2013）『学力危機　北海道　教育で地域を守れ』中西出版
河野和清（2007）『市町村教育長のリーダーシップに関する研究』多賀出版
中澤美明（2016）「学校力向上の取組」藤原文雄編著『校長という仕事・生き方』学事出版
末松裕基（2019）「イギリスの『自己改善型学校システム』におけるシステムリーダーシップの
　検証：教育経営学におけるスクールリーダーシップ研究の変化」『日英教育研究フォーラム』
　23、pp.105-111

（藤原文雄／生田淳一／卯月由佳／川口有美子／佐久間邦友／諏訪英広）

編著者一覧

【編著者】

露口健司（つゆぐち・けんじ）［はじめに・序章・第1章・第4章］

　愛媛大学大学院教育学研究科教授・国立教育政策研究所客員研究員・独立行政法人教職員支援機構客員フェロー・放送大学客員教授。九州大学大学院人間環境学府博士課程修了、博士（教育学、九州大学）。専門は教育行政学、教育経済学。主な研究課題はリーダーシップ、学校改善、信頼、ソーシャル・キャピタル。

　近年の著書は、露口健司編著『ソーシャル・キャピタルで解く教育問題』（ジダイ社、2019年）、露口健司編著『「つながり」を深め子どもの成長を促す教育学：信頼関係を築きやすい学校組織・施策とは』（ミネルヴァ書房、2016年）、露口健司編著『ソーシャル・キャピタルと教育：「つながり」づくりにおける学校の役割』（ミネルヴァ書房、2016年）。

　現在、日本学校改善学会会長、日本社会関係学会理事、日本教育経営学会理事、日本教育行政学会理事などを務める。

藤原文雄（ふじわら・ふみお）［はじめに・第5章］

　国立教育政策研究所初等中等教育研究部長。東京大学大学院教育学研究科博士課程単位取得退学。専門は教育経営学、教育行政学。主な研究課題は教職員等指導体制、教職員人材育成。

　近年の著書は、藤原文雄編著『「学校における働き方改革」の先進事例と改革モデルの提案』（学事出版、2019年）、藤原文雄編著『世界の学校と教職員の働き方：米・英・仏・独・中・韓との比較から考える日本の教職員の働き方改革』（学事出版、2018年）、『スクールビジネスリーダーシップ：教育的素養を有した「リソースマネジャー」としての学校事務職員』（学事出版、2020年）。

文部科学省「学校教育の情報化に関する懇談会」委員、中央教育審議会「チームとしての学校・教職員の在り方に関する作業部会」専門委員、中央教育審議会「学校における働き方改革特別部会」オブザーバーなどを歴任。現在、日本教育事務学会会長などを務める。

【著者】

生田淳一（いくた・じゅんいち）［第3章、第5章］

福岡教育大学教授。九州大学大学院人間環境学府行動システム専攻心理学コース博士課程単位取得満期退学。専門は、学校教育心理学。

近年の著作は、生田淳一（2019）「客観的データを生かした予防・開発型学級経営の展開」藤原文雄編著『「学校における働き方改革」の先進事例と改革モデルの提案』（学事出版、2019年）、生田淳一（2019）「キャリア教育」小泉令三・友清由希子編著『キーワード　生徒指導・教育相談・キャリア教育：子どもの成長と発達のための支援』（北大路書房、2019年）、生田淳一・増田健太郎（2016）「学習指導における『つながり』の醸成と教育効果」露口健司編著『「つながり」を深め子どもの成長を促す教育学：信頼関係を築きやすい学校組織・施策とは』（ミネルヴァ書房、2016年）。

現在、日本学校改善学会理事、九州教育経営学会理事などを務める。

卯月由佳（うづき・ゆか）［序章、第5章］

国立教育政策研究所初等中等教育研究部総括研究官。ロンドン・スクール・オブ・エコノミクス博士課程修了（PhD in Social Policy）。専門は社会政策。主な研究課題は、不平等と貧困が子どもの機会に与える影響と、その緩和に向けた政策の検討。

近年の著書は、岩永理恵・卯月由佳・木下武徳著『生活保護と貧困対策：その可能性と未来を拓く』（有斐閣、2018年）。

川口有美子（かわぐち・ゆみこ）[第5章]

公立鳥取環境大学環境学部准教授。筑波大学大学院博士課程人間総合科学研究科教育学専攻単位取得退学。専門は、学校経営学、教育行政学。最近の主な研究課題は、学校改善・学校改革と地域創生、地域協働について。

近年の著作は、「学校改善と組織文化の変革」浜田博文編著『学校経営』MINERVA はじめて学ぶ教職第9巻、ミネルヴァ書房、2019年、117-128頁。

現在、日本高校教育学会理事、鳥取県社会教育委員（会長）などを務める。

佐久間邦友（さくま・くにとも）[第5章]

日本大学文理学部教育学科助教。日本大学大学院文学研究科教育学専攻博士後期課程満期退学。専門は、教育行政学、教育政策。最近の主な研究課題は、「公営塾」などをはじめとする自治体主導型学習支援事業、教員養成。

近年の著書は、末冨芳編著『子どもの貧困対策と教育支援』（明石書店、2017年）（分担執筆）。マークブレイら著・森ら訳『塾：私的補習ルールの国際比較』（翻訳など）。

澤里　翼（さわさと・つばさ）[序章]

神奈川大学・千葉大学・法政大学非常勤講師。東京大学大学院教育学研究科博士課程単位取得退学。専門は、教育行政学、教育政策学。主な研究課題は、教育の不平等問題の理論的解明、背景分析、実際的解決策の検討。

諏訪英広（すわ・ひでひろ）[第2章、第5章]

川崎医療福祉大学医療技術学部教授。広島大学大学院教育学研究科博士課程修了、博士（教育学）。専門は教育経営学、教師教育学。

近年の著書は、林孝・米沢崇・諏訪英広編著『子どものために「ともに」歩む学校、「ともに」歩む教師を考える』（あいり出版、2019年）。

現在、日本教育経営学会常任理事（実践推進委員会委員長）、日本学校改善学会理事などを務める。

山下　絢（やました・じゅん）[第2章]

日本女子大学人間社会学部教育学科・准教授。東京大学大学院教育学研究科博士課程単位取得退学。専門は、教育行政学、教育経済学。主な研究課題は、教育格差の実態解明と関連する教育政策の評価。

近年の著作は、山下絢『学校選択制の政策評価：教育における選択と競争の魅惑』（勁草書房、2021年）。

現在、慶應義塾大学経済学部附属経済研究所「こどもの機会均等研究センター」運営委員、日本学校改善学会理事を務める。

子供の学力とウェルビーイングを高める教育長のリーダーシップ
校長、教職員、地域住民を巻き込む分散型リーダーシップの効果

2021年5月20日　第1版第1刷発行

編著者　　露口健司・藤原文雄

発行者　　花岡萬之

発行所　　学事出版株式会社
　　　　　〒101-0021 東京都千代田区外神田 2-2-3
　　　　　電話 03-3255-5471
　　　　　https://www.gakuji.co.jp

編集担当　　木村　拓
編集協力　　古川顯一
装　　丁　　精文堂印刷株式会社／三浦正已
印刷・製本　精文堂印刷株式会社